金戈铁马任驰骋

白艳华 ◎ 著

军事家

中国出版集团

现代出版社

图书在版编目（CIP）数据

　　金戈铁马任驰骋/白艳华著；——北京：现代出版社，
2013.1 （2024.12重印）
　　（我的未来不是梦）
　　ISBN 978-7-5143-1055-9

　　军事家—生平事迹—世界—青年读物②军事家—生
平事迹—世界—少年读物
　　Ⅳ.①K815.2-49

　　中国版本图书馆 CIP 数据核字(2012)第 292864 号

我的未来不是梦—金戈铁马任驰骋(军事家)

作　　者	白艳华
责任编辑	刘春荣
出版发行	现代出版社
地　　址	北京市朝阳区安外安华里 504 号
邮政编码	100011
电　　话	(010) 64267325
传　　真	(010) 64245264
电子邮箱	xiandai@cnpitc.com.cn
网　　址	www.modernpress.com.cn
印　　刷	唐山富达印务有限公司
开　　本	700×1000　1/16
印　　张	12
版　　次	2013 年 1 月第 1 版第 1 次印刷　2024 年 12 月第 4 次印刷
书　　号	ISBN 978-7-5143-1055-9
定　　价	47.00 元

序 言

这套以"我的未来不是梦"命名的丛书，经过众多编者的数年努力，终于以这样的形式问世了。

此时，恰值党的"十八大"刚刚胜利闭幕，选举出了以习近平同志为首的党中央领导集体。"十八大"报告中对教育领域提出："坚持教育为社会主义现代化建设服务、为人民服务，把立德树人作为教育的根本任务，培养德智体美全面发展的社会主义建设者和接班人。"这使我们编者更感此套丛书生即逢时，契合新时期新要求，意义重大。

我们编写的这套《我的未来不是梦》系列丛书，精选了古往今来的一些重要职业，尤以当下热点职业为重。而"梦想的实现"则是本套丛书的核心。整套书立意深远，观点新颖，切合实际，着眼实用，是不可多得的青少年优质读物。

我们深信，这套丛书必将伴随小读者们的生活与学习，而促进他们德智体美全面健康的成长。更使他们对未来充满信心，驾驭着新知识和新科技，驶入海洋，飞向蓝天，去实现最美好的梦想！

目录 CONTENTS

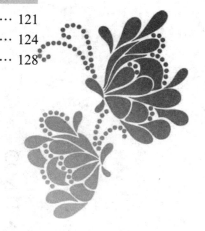

第一章

军事风云

◦导读◦

　　人类与战争如影随形，从刀光剑影、金戈铁马到枪林弹雨、硝烟弥漫，在尸横遍野中演绎着难以言说的悲怆，在血流成河中涌动着无法描绘的苦痛。拉开历史的重重帷幕，我们总是会看到战争的痕迹与疮伤。战争，像一个幽灵，在人类的舞台上跳跃。它跳得越欢欣，人类的苦难越深重。从冷兵器到原子弹被搬上人类舞台，人类经历的战争创痛实在太多了。一场战争，少则几万人，多则几亿人失去生命。活着的人流离失所，人类失去家园，孩子失去父母，妇女失去丈夫，老人失去儿子……

　　因此，本书的编写，不是歌颂战争的胜利，而是旨在书写那些在战争中涌现的智慧与仁慈，我们相信，那些与人类相生，并支持人类生存与繁衍的大智大慧，才是造化所赐的厚泽。

■ 关于军事家

军事家一般是指具有正确指引军事活动的人和擅长实施具体的军事行动的人。当然，只有军队的最高统帅和高级将领才有资格被称为军事家。所以，我们把军事家分为 3 类：战略军事家、战术军事家的军事理论家。

战略分为两种，一为大战略，即总体战略，纵观整个战局，能从全面的角度剖析战争本身，并且能提出正确的战略方针引导军队获胜。例如：毛泽东、韩信、秦始皇、查理曼、孙武、马歇尔等。另一种为局部战略，即完全是军事上赢得胜利的机动战略，这些战略家都是非常杰出的军事家，例如：拿破仑、亚历山大、汉尼拔、威灵顿、库图佐夫、杜伦尼、弗里德里希大帝等。世界军事史上著名的战略军事家：亚历山大、汉尼拔、拿破仑、恺撒、欧根亲王、西庇阿、庞培、古斯塔夫·阿道夫、杜伦尼、瓦伦斯坦、弗里德里希大帝、毛奇等。我国军事史上著名的战略军事家：吕尚、孙武、曹操、吴起、李靖、白起、项羽、韩信、李牧、岳飞、徐达、朱德等。

战术军事家要亲临一线指挥战斗，制订作战计划。同时还要具备坚毅、勇敢的性格，灵活多变的指挥艺术，一般战术家是军队的指挥官。例如：韩信、亚历山大大帝、拿破仑一世、威灵顿，萨克森伯爵，弗里德里希大帝、克伦威尔、曼斯坦因等。

跟以上两种军事家不同，军事理论家一般是以学术见长，他们会提出一些军事观点、作战策略，给军事家们以参考，有的还会整理自己的学术观点完成著作，脑力劳动相对明显。例如：吕尚、孙武、孙膑、吴起、萨克森伯

爵、卡尔大公、约米尼、克劳塞维茨、杜黑、沙波什尼科夫等。

当然，也存在着以上三者都融为一身的军事家。那么，作为一个军事家，他们应该具备怎样的先决条件呢？想成为军事家并非一朝一夕的事情，而需要长期研究战略、战术，熟悉兵法，积累大量军事知识，并在战场上灵活运用，指导军队获胜，同时还要对战争后果负责。

在很久之前的古代，世界上的一些国家就开设了专门的军事院校，培养军事人才。现在世界上的一些国家也拥有军事院校，像中国的黄埔军校（后来随蒋介石率领的国民党军队在内战中战败，退守台湾，黄埔军校也随之搬迁到台湾）。目前法国的圣西尔军校、美国的西点军校、英国的桑赫斯特皇家军事学院和俄罗斯的伏龙芝军事学院，并称为世界四大军校。

世界军事史上的著名战役

卡迭石之战 据人类战争史上记载的最早的会战叫卡迭石之战，发生在公元前 14 世纪末。战争发生在古埃及和赫梯之间。战事的起源是争夺叙利亚。

叙利亚是个小国，但它也是一个有渊源的古国，远在公元前 3000 年就已经成为一个城邦国家。古代的叙利亚地区位于亚欧非三大洲之间，扼古"锡道"要冲，是古代海陆商队的贸易集散中心，是各方必争之地。就是这样一个小国，又处在各方觊觎的位置上，因此古往今来，叙利亚战事不断。

当时叙利亚周边的最强国是古埃及和赫梯。古埃及早在公元前 3000 年前就控制了叙利亚，并梦想长期行使霸权，但他的吃独食的做法引起了赫梯的强烈不满。赫梯王国当时的国王叫苏皮卢利乌马斯，他是一个有雄才大略的人。赫梯在他的统治下，迅速崛起，成为一个强国，他率领军队向叙利亚推进，很快就控制了大马士革及整个叙利亚地区。赫梯王国的军事行动直接影响了古埃及的既得利益。

强大的古埃及迅速组织了兵刃向赫梯反扑。双方在叙利亚境内的卡迭石地区遭遇，战争的结果当然是古埃及获胜。但这场战争使双方都耗损了元气。古埃及从战略强国变成了一个内外交困的国家，并逐渐衰落下去。赫梯更惨，这个国家原来雄视西亚，经过这场战争，赫梯很快败落并瓦解了，成为历史的风尘。

亚述人的战争 亚述国的强盛是人类历史的灾难。亚述原来只是底格里斯河上游亚述高原上的一个小国,位于底格里斯河和幼发拉底河流域北部,东北靠扎格罗斯山,东南以小扎布河为界,西临叙利亚草原。胡里特人是亚述最早的居民,后来,塞姆人逐渐移入与之融合,成为亚述人。公元前8世纪的时候,这个国家忽然强大起来,到了公元前8世界下半期,亚述成为一个庞大的军事强国。

像神话一样,亚述人举全国之力打造兵器,经过多年努力,他们拥有了超过周边任何一个国家的军事力量。他的军队包括战车兵、骑兵、重装和轻装步兵、攻城部队、辎重队,甚至还有工兵,是一个具有较高水平的合成部队。军队装备精良,士兵都身穿铠甲,有盾牌和头盔防护,有弓箭、短剑和长枪。

它开始向周边扩张。亚述人很快就征服了叙利亚、腓尼基、以色列王国,甚至埃及也未能幸免。亚述人的战争是人类的灾难。亚述人征服的城市,所到之处,居民几乎全部被屠杀,乡村成为一片焦野。但是战争也耗尽了这个国家的元气,最后终于败落,被周边崛起的民族武装消灭了。

但亚述人的黩武精神却留了下来,亚述人把这种血肉横飞的战争称为神的旨意,在这种精神的影响下,战争没有正义与非正义之分,即使是侵略战争也被赋予合理的色彩,为后世留下了深远的影响。

犹太人的民族之战 犹太民族是一个聪明能干、英勇团结的民族,但同时也是一个悲情的、命运多舛的民族,从远古时代起,这个民族就一直在为民族而战,几乎遭遇了灭族之险。

公元前1012年,大卫王用武力统一了以色列和犹太两个王国,其子所罗门统治时期建成了耶路撒冷圣殿。所罗门去世后,国家分裂成两个国家,以色列定都撒马利亚,犹太以耶路撒冷为都。公元前721年,亚述国灭了以色列,犹太凭借耶路撒冷城残存下来,但开始对亚述国称臣。从此,犹太民族开始了被蹂躏的屈辱生活。

公元前586年,巴比伦王攻陷了耶路撒冷,挖去了犹太王的眼睛,犹太

人举族被送到巴比伦,在那里度过了半个世纪的囚徒生活,成为著名的"巴比伦之囚"。后来波斯人为了拉拢犹太人,把他们送回巴基斯坦,允许他们在耶路撒冷再建圣殿,这使犹太人有了复国的机会。

但后来,这个多灾多难的民族又遭到了多次侵害。135 年,终于被罗马帝国摧毁。耶路撒冷被彻底破不,遗址被翻耕成田,残存的犹太人被掠为奴隶。从此他们开始了背井离乡、流浪异地的民族漂泊。

第一次世界大战 第一次世界大战是人类历史上的一场空前灾难,战火遍及欧亚非三大洲和大西洋、地中海、太平洋等海域,历时达 4 年 3 个月,先后卷入这场战争的有 38 个国家,人口达 15 亿。这是两个集团为瓜分殖民地和势力范围而进行的战争。

为什么殖民地需要重新划分呢? 因为帝国主义国家发展不平衡,后起的帝国主义国家谋求重新划分势力范围,而老牌的帝国主义国家不可能甘心让出既得利益,于是需要进行一场大战来决定。这次战争,主要参与的国家有:德国、奥匈帝国和意大利为首的同盟国和以俄国、法国与英国为首的协约国。

整个战争,两个集团共动员军队 6 503 万人,损失 3 750 万人,其中死亡 895 万人。直接耗用军费约 1 863 亿美元。

第一次世界大战中最残酷的一场战役是凡尔登战役。这是一场典型的阵地战、消耗战,交战双方伤亡近 100 万人。由于伤亡惨重,被人称为"绞肉机"、"屠场"和"地狱"。德国在这次战役中使用了毒气弹。这是人类战争史上第一次使用毒气。

这次世界大战最大的赢家是美国,他们在战争中牟取了暴力,一跃成为经济强国。其他国家都或多或少伤了元气。但这次战争并没有实现预想中的合理划分,帝国主义国家之间的矛盾不但没有消除,反而为第二次世界大战埋下祸根。

第二次世界大战 第二次世界大战是人类历史上规模最大、危害最

我的未来不是梦

重、持续时间最长、参战国最多、波及范围最广的一场战争,给人类造成了极大痛苦和灾难。这次战争是围绕着法西斯与反法西斯进行的。法西斯力量的代表有德国、意大利和日本。反法西斯力量包括中国、前苏联、美国、英国等同盟国。多达 61 个国家和地区、20 亿人口卷入战争,武装力量总人数超过 1.1 亿,伤亡总数达 9 000 万。经济损失 40 000 亿美元。

战争从 1939 年 9 月持续到 1945 年 9 月,整个战争期间,发生了无数次对无辜平民的残酷杀戮,造成人口锐减。纳粹德国对犹太人的屠杀,日本对中国和朝鲜平民的屠杀,美国的原子弹在日本国土上造成的伤害都是惨无人道的。破坏无法估量。

这次战争中运用了大量现代科学技术。飞机,装甲部队,雷达,导弹,甚至核武器都有应用。

■ 军事家在战争中的作用

在一场战争中，军事家的作用往往决定了胜负，或扭转战争局面。讲几个军事家决定战役胜负的故事。

一票改变了一个国家的历史 世界历史上第一次欧亚两洲的大规模战争发生在古希腊和波斯之间。这场战争前后持续了半个世纪，结果以希腊取胜告终。波斯当时是世界上最大的军事强国，他东征西讨，所向披靡。当他把军队开到希腊，希腊召开了一个决定战与不战的军事会议。11个人的会议上，意见不统一，最后大家决定投票表决。表决结果是，5票同意，5票反对，最后一位投票的将军拿着票举棋不定。这时，主战派当中有一位杰出的军事家叫米提亚德，他站出来说："现在整个雅典的命运就掌握在你的手上，是甘愿被波斯人奴役，还是奋起抗争为雅典赢得自由，你决定吧。但如果我们不立即开战，波斯的军队就会越来越强大，雅典的投降派就会合法并越来越器张，雅典将兵也没有机会为了荣誉而战。"

他的话，赢得了将军手里的一票。马拉松是希腊对波斯的第一战，结果大获全胜，这极大鼓舞了全军的士气。负责指挥的米提亚德，为了尽早把胜利的消息送回雅典，他让斐里庇得斯去传送消息。斐里庇得斯刚在战场上负了伤，可是他兴奋得顾不上疗伤，就拼命地往回奔跑。当他跑到雅典广场中央时，已是上气不接下气，他激动地喊："我们胜利了！"刚喊完这

句，就一头栽倒，壮烈牺牲了。

为了纪念这场战役的胜利和这个民族英雄，雅典人就在这一届奥运会上增加了马拉松赛跑项目——马拉松赛跑。距离就是根据斐里庇得斯当年所经过的路，全程共计 42.195 千米。

挽救国家命运的农家女孩　英法战争持续了 116 年，最后演变成了英国对法国的侵略。法国本土已经岌岌可危了，可是法国的贵族们却还在为王储之争闹得不可开交，没有人关心国家的存亡。英国军队在法国的领土上长驱直入，处于卢瓦尔河上的奥尔良成为最后一个能阻挡英军的战略要地，但是法国军队对守卫奥尔良不抱信心。

在这个生死存亡的关键时刻，一个农家女孩穿上了军装，想用自身的力量挽救国家的危难。这个女孩叫贞德，是一个地道的农家女孩，她有 3 个哥哥 1 个姐姐。没有读过一天书的她，从小就生活在英国军队的包围中，目睹了国家的危难。她从小就立下志向，为国家而战。现在，国家到了生死存亡的关头，她找到了当时负责守卫奥尔良的指挥官，说出了自己的意愿和想法，没想到却遭到了指挥的嘲笑。没有人相信一个不识字的农家女孩能够挽救国家于危难。

但事实却朝着贞德预料的方向发展了。最后指挥官在无奈的情况下把她介绍给了当时法国王储查理七世，查理七世接受了贞德的建议。贞德终于取得了军队的指挥权。她善于用兵，又身先士卒，勇敢无敌。几次负伤后仍带着伤重上战场。在她的感召下，官兵们奋勇杀敌，誓死保卫国家。战争局面得到了扭转，失去的领地一个一个被收复了。

最后终于收回了兰斯。当时查理七世已经取得了继承王位的权力，可是他可怜得找不到一个能够为自己加冕的地方。现在，兰斯终于收回来了。查理七世在兰斯的大教堂里成为了真正的国王。虽然贞德后来被冤处以火刑，但是，历史记住了这个女孩的名字，教会记住了她的名字，贞德，成为罗马天主教会里最受欢迎的圣人之一。

　　那些挽救国家的命运,拯救民族于水火的英雄们,永远刻在人类历史的纪念碑上。那么,是什么,让这些人从平凡走向英雄,除了历史与时势,他们个人又有着怎样的优秀品质呢? 纵观军事家的个人成长史,我们发现,他们之所以能人所不能,创造历史的辉煌,与他们本身的努力及天分是分不开的。

●名人名言●

1.三思而后行。

——(春秋)孔子

2.战争在你愿意时开始,却并不在你乐意时结束。

——[意]马基雅维利

3.勇敢坚毅真正之才智乃刚毅之志向。　——[法]拿破仑

4.人民战争必须像云雾一样,在任何地方也不凝结成一个反抗的核心。

——[德]克劳塞维茨

5.朝着一定目标走去是"志",一鼓作气中途不停止是"气",两者合起来就是志气。一切事业的成败都取决于此。

——[美]戴尔·卡耐基

第二章

坚毅勇敢，沉着冷静

我的未来不是梦

· 导读 ·

　　成功的人，都有浩然的气概，他们都有是大胆的、勇敢的。他们字典上，是没有"惧怕"两个字的，他们自信他们的能力是能够干一翻轰轰烈烈的大事。人性是强悍的，人类本身有自己的限度，"一个人并不是生来就要被打败的，人尽可以被毁灭，但却不能被打败。"这是小说《老人与海》中老人说的话。一个坚毅勇敢的人，因其直面困难的勇敢和决心，因其挑战自我的决绝勇敢，而永远赢得我们的尊敬。

■ 舍强攻弱的军事"妙才"

夏侯渊是三国时魏国大将,是曹操的爱将。他的军事指挥艺术中最绝的一招就是神速,善于速战速决,懂得弃强攻弱,用兵灵活。作战中,夏侯渊还极其重视后勤保障,经常亲自督运军粮,作战取胜后也是先取敌之军粮,是做好军事中后勤保障的典范。

建安十九年(210),夏侯渊率兵攻打韩遂。韩遂当时在显亲驻军,夏侯渊是曹操的有名大将,韩遂不久前刚败给了曹操,现在听说夏侯渊来了,害怕极了,马上就逃走了。因为跑得太匆忙,粮草都来不及带走,夏侯渊就在后面白捡了韩遂的军粮。夏侯渊就是这样一个人,他从小就是一个坚毅勇敢的人,遇到事情不慌不乱。他打仗总是要保证好粮草供给。每次打了胜仗,打扫战场的时候,最先收拾的就是粮草。

韩遂逃到了兴国城。夏侯渊追到略阳,把部队驻扎在略阳城里。略阳离兴国 20 多里,兵强马壮,士气高涨,大家都说应该马上攻打兴国。夏侯渊一句话也不说,他在坚固的兴国城下转了一天,突然下命令攻打长离。

原来,韩遂的部队士兵大多数都是氐族和羌族,这些人的家都住在长离。所以,长离可以说是韩遂的大后方。后院起火,士兵必然回兵来救。而夏侯渊的部队善于长途奔袭,那他就可以在路上打个漂亮的伏击战。

夏侯渊留下辎重,亲自率轻兵攻烧长离,斩获甚多。这时,韩遂果然来救长离,与夏侯渊的军队对峙。韩遂兵多将强,又在本土,而夏侯渊的部队无论是数量与质量上都无法与韩遂对抗。大家都要扎营、挖深堑,慢慢跟

韩遂作战。夏侯渊说："我们的士兵已经在外面奔波好几个月了，离开家乡几千里地，这一路不是作战就是奔跑，已经很辛苦了。如果这时再让他们挖战壕，只能让他们越来越疲劳，现在韩遂军队虽然人多，但他们刚从兴国奔来，趁他们还没安定下来马上攻打，可以取胜。"

于是，魏军战鼓齐鸣，全力进攻，果然取得完胜。夏侯渊立刻带领全军返回，围攻兴国城。

其实夏侯渊并没有真的围攻兴国城，他只是做做样子。真正的主力部队被他埋伏在了路上。因为他知道韩遂如果听说兴国被围，一定率军回救。韩遂果然中计。

就这样，夏侯渊打了一场以少胜多的漂亮仗。

这一仗，让韩遂伤了元气，不久就被魏国灭了。而夏侯渊因为此役而名声大噪，闻名天下，深得曹操赏识。

在魏的大将中，夏侯渊的个人资质并不是最高的。他的成功与他的个性分不开，他坚毅、勇敢、沉着冷静。年轻的时候他就替曹操领罪，坐过监狱。后来又多次为曹操出力建功，深得多疑的曹操的信任。因此他在曹营里，是一个敢说敢为，敢做敢当的人。

曹操到邺城后，把夏侯渊留在长安驻守。曹操曾经打败了马超，马超只好逃到汉中，在汉中进行了休整后，又返回来围攻祁山。当时驻在祁山的姜叙在这之前跟曹操一起攻打过了马超，现在，马超杀回来了，他只能急忙向最近的夏侯渊求救。

所有人都说，出兵救姜叙是件大事，必须得请示曹操才能出兵。但夏侯渊却认为：曹公远在邺城，来复 4 000 里路，等拿到他的批示，姜叙早已被打败了。这不是救急的办法。于是，他马上出兵，派张郃带领 5 000 步兵骑兵作为前锋，从陈仓狭道进军，他自己则亲自在后面押运粮草辎重。张郃到达渭水上游，跟马超率领的数千名氐、羌族士兵遭遇了。但是，还没等到开战呢，马超就害怕逃走了。夏侯渊的大军兵不血刃地打了个胜仗，白捡了马超他们丢下的武器和粮草。

逐梦箴言

　　通往成功的路从来都不是一帆风顺的，我们想象的掌声与鲜花永远不可能事先等在前进的路口中。在坎坷的旅途中，只有那些坚毅勇敢的人，一步一个脚印地前进，才能到达终点。有时候，决定成功的关键因素，并不是依靠聪明和才华。

知识链接

　　夏侯渊(？— 219)三国魏国大将。字妙才，沛国谯(今安徽亳县)人。夏侯惇族弟。东汉末随曹操起兵。从征袁绍、韩遂，击马超，勇敢善战，任护军将军，封博昌亭侯。后讨平陇右诸羌，又随征张鲁。建安二十年(215)任征西将军(一云都护将军)，守汉中，建安二十四年(219)与刘备战，被刘部将黄忠计斩阵前。

夏侯渊

■ 冷静地出好手里的牌

汉文帝时，匈奴进犯北部边境，文帝急忙调边将镇守防御。为了警卫京师，文帝派三路军队到长安附近抵御守卫。宗正刘礼驻守在灞上，祝兹侯徐厉驻守在棘门，河内太守周亚夫则守卫细柳。

为了鼓舞士气，文帝亲自到三路军队里去犒劳慰问。他先到灞上，再到棘门，这两处都不用通报，见到皇帝的车马来了，军营都主动放行。而且两地的主将直到文帝到了才知道消息，迎接时慌慌张张。送文帝走时也是亲率全军送到营寨门口。

文帝到了周亚夫的营寨，和先去的两处截然不同。前边开道的被拦在营寨之外，在告知天子要来慰问后，军门的守卫都尉却说："将军有令，军中只听将军命令，不听天子诏令。"等文帝到了，派使者拿自己的符节进去通报，周亚夫才命令打开寨门迎接。守营的士兵还严肃地告诉文帝的随从："将军有令：军营之中不许车马急驰。"车夫只好控制着缰绳，不让马走得太快。到了军中大帐前，周亚夫一身戎装，出来迎接，手持兵器向文帝行拱手礼："介胄之士不拜，请陛下允许臣下以军中之礼拜见。"文帝听了，非常感动，欠身扶着车前的横木向将士们行军礼。

劳军完毕，出了营门，文帝感慨地对惊讶的群臣说："这才是真将军啊！那些灞上和棘门的军队，简直是儿戏一般。如果敌人来偷袭，恐怕他们的将军也要被俘虏了。可周亚夫怎么可能有机会被敌人偷袭呢？"好长时间里，文帝对周亚夫都赞叹不已。

一个月后，匈奴兵退去。文帝命三路军队撤兵，然后升周亚夫为中尉，掌管京城的兵权，负责京师的警卫。

后来，文帝病重弥留之际，嘱咐太子刘启也就是后来的景帝说："以后关键时刻可以用周亚夫，他是可以放心使用的将军。"文帝去世后，景帝让周亚夫做了骠骑将军。

周亚夫还是一个沉着冷静的人。汉景帝三年（前151），吴王刘濞联合楚王刘戊、胶西王刘卬等七国发动叛乱，打出"诛晁错、清君侧"的旗号。景帝于是升周亚夫为太尉，领兵平叛。

这时的叛乱军正在猛攻梁国，梁国哪里招架得住，急忙向朝廷求援。但周亚夫并不直接救援，而是绕道进军。

走蓝田、出武关，迅速到达了锥阳，搜索之后果然抓获了伏兵。

此时的梁国被叛军轮番急攻，梁王向周亚夫求援。周亚夫却派军队向东到达昌邑城（在今山东巨野西南），坚守不出。

梁王再次派人求援，周亚夫还是不发救兵。

最后梁王写信给景帝，景帝又下诏要周亚夫进兵增援，周亚夫还是不为所动。

但他却暗中派军截断了叛军的粮道，劫去叛军的粮食。叛军只好先来攻打周亚夫，但几次挑战，周亚夫都不出战。时间一长，周亚夫军中都有些军心不稳了。

一天晚上，营中突然发生混乱，嘈杂声连周亚夫的大帐里都能听见，但周亚夫始终躺在床上不动。一会儿，混乱自然就平息了。

几天后，叛军大举进攻军营的东南，声势浩大，但周亚夫却让部下到西北去防御。结果在西北遇到叛军主力的进攻，由于有了准备，所以很快击退了叛军。

叛军因为缺粮，最后只好退却，周亚夫趁机派精兵追击，取得胜利。叛军头领刘濞的人头也被越国人割下送来。这次叛乱经3个月就很快平定了，战争结束后，大家这才纷纷称赞周亚夫的用兵之道。

逐梦箴言

　　人生就像一场牌局，不同的人打出了不同的风格，周亚夫的成功告诉我们，那些暂时赢得的风头和信任是不可靠的，成功走到终点的，都是冷静出好每一张牌的人。

知识链接

　　周亚夫（前199—前143），西汉时期的著名将军、军事家，汉族，沛县（今江苏沛县）人。他是名将绛侯周勃的次子，在历史上也非常有名的军事家，在七国之乱中，他统帅汉军，3个月平定了叛军。后死于狱中。

胜利取决于必胜的决心

1941 年 9 月 8 日,朱可夫接到斯大林的命令,接任列宁格勒方面军司令员,指挥部队全力保卫列宁格勒。此时的列宁格勒已经深陷重围。德国法西斯以摧枯拉朽之势迅速在苏联境内取得绝对战争优势,如果列宁格勒失守了,将意味着德军取得西北战场的巨大胜利。

9 月 10 日,朱可夫飞抵列宁格勒。列宁格勒方面军军事委员会正在斯莫尔尼宫召开会议,人们正在讨论列宁格勒一旦失守将怎么办。朱可夫的到来打断了方面军军事委员会会议。

朱可夫同原司令员伏罗希洛夫的指挥权交接没用上什么特别手续。他只是将斯大林的便条交给了伏罗希洛夫。便条写道:"把方面军司令部交给朱可夫,您本人马上飞回莫斯科。"然后,这个日后成为法西斯高级将领的噩梦的人,表情平静地用专线电话向最高统帅部报告:"我已经接管了司令部。"

会议接着进行,但内容与形式都有了质的不同。

朱可夫领导下的方面军军事委员会作出的第一个决定是:即使战至最后一人,也要守住列宁格勒。朱可夫的口号是:不是列宁格勒惧怕死亡,而是死亡惧怕列宁格勒。永远不要考虑列宁格勒一旦失守怎么办,列宁格勒不能失守! 朱可夫迅速调整了部署,采取了种种有效的防御措施。他将高炮部队调到乌里茨克—普尔科沃等高地,用高炮平射坦克。他还将包括舰炮在内的各种火炮集中在关键地区,统一使用。

我的未来不是梦

9月14日,朱可夫用专用电话向莫斯科报告:"截至今天傍晚,我军在敌人前进道路上构置了炮火系统,其中包括舰炮、高射炮和其他大炮。我们现在正把迫击炮也集中起来。我想明天早晨,我们可以在主要方向形成密集的炮火屏障以便与步兵协同。步兵已在今天部署在上述防线……"

此时德军认为列宁格勒已唾手可得。柏林的战报宣称:"列宁格勒的包围圈越缩越紧,该城的攻陷指日可待。"哈尔德在9月12日的日记中写道:"'北方'集团军群进攻列宁格勒取得了巨大成功。敌人被削弱……"

战争的魅力就是这样,当一场战役即使开始,真正让人惊心动魄的,不是武力的悬殊,也不是战术上的高低、战备的充分和武器的精良,而是双方都持着必胜的信念。在列宁格勒保卫战中,侵略者以自己此时的绝对战略优势抱定必胜信心,而朱可夫所拥有的,只是誓死保卫家乡、捍卫国土的决心。狭路相逢勇者胜,勇者相逢智者胜。当两军对垒,当力量、智慧与勇气都得到了最大发挥,决定胜败的因素则变得单纯而直接了。此刻,以为可以坐拥胜利的法西斯军队无论如何也想不到苏军以何取胜,甚至,直到900天后,当他们踩着同伴的尸体撤出列宁格勒的时候,他们也没想明白,朱可夫到底凭借了什么写就战争神话。

事实上,朱可夫所拥有的,恰恰是最简单但最有效的武器,它的名字叫做坚毅勇敢,沉着冷静。

朱可夫后来自己在一篇文章中写道:"我们所有参加9月保卫列宁格勒战斗的人,都经历了许多艰难的日子。但我们的部队终于粉碎了敌人的计划。由于苏联士兵、水兵和基层军官史无前例的坚韧不拔和群众性的英雄主义,由于指挥员和政工人员的坚韧性和坚定性,敌人在攻打列宁格勒的道路上遇到了不可逾越的障碍。到了9月底,我们方面军所有地段上的战斗激烈程度都明显减弱,整个战线稳定下来。"

但事实并不像他本人写得这样轻松。著名政论家索尔兹伯里在其《九百天》一书中对朱可夫指挥列宁格勒方面军的那一时期写道:"如果德国人被阻滞,那就达到了目的,为他们放了血。在那9月的日子里,他们有多少人被炸死,任何人任何时候也说不清。乌里茨克附近流着一条溪流,被德

国兵的鲜血染红了数日"。"是朱可夫的意志阻挡了德国人吗?""在9月的日子里,他是可怕的,没有别的词汇,只能用'可怕'一词来形容他。"

朱可夫的全名叫格奥尔吉·康斯坦丁诺维奇·朱可夫。可能有人不知道这个名字,但几乎没有人不知道他的故事。法西斯的噩梦——列宁格勒保卫战就是他亲手缔造的战争神话。因为二战期间的优秀表现,朱可夫被授予苏联元帅军衔,是苏德战争中继斯大林后第二位获此殊荣的苏军统帅,因其在苏德战争中的卓越功勋,被认为是第二次世界大战中最优秀的将领之一。

朱可夫1896年12月1日(俄历11月19日)出生在卡卢加省特列尔科夫卡村的一个贫苦家庭里。父亲康·安德烈维奇是鞋匠,母亲是乌·阿尔捷耶芙娜,在农场干活。他有一个姐姐。全家4口只有一间房屋,生活十分艰苦。童年时,朱可夫在一所教会小学读书。毕业后,父亲便带他到莫斯科去学手艺。他在舅舅皮利欣的毛皮作坊里当学徒。工作很累,但他坚持自学,夜间凑近厕所里的暗淡的电灯下做功课。

艰苦的童年与少年生活使朱可夫成为一个坚毅的人,他的思考多于表达,沉稳多于冲动。这个特点使他在部队里很快脱颖而出。这时候,正是第一次世界大战时期。在这场战争中,他作为普通士兵,得过两枚勋章,一枚是因为俘虏了一名德国军官,一枚是由于身负重伤。最重要的是,他在这场战争中学会了如何打仗。懂得了取得战争胜利的关键,是用脑子,而不是蛮力。

成功与失败就住在隔壁。决定成功与失败的关键，就在于意志和决心。有时候，我们其实不是被困难打败了，而是被惧怕困难的念头击倒了。事情往往就是这样，只要我们抱定必胜的信心，那么，不管千难万险，都会被克服。

知识链接

第二次世界大战，简称二战。1939 年 9 月 1 日—1945 年 9 月 2 日，以德国、意大利、日本法西斯等轴心国(及保加利亚、匈牙利、罗马尼亚等国)为一方，以反法西斯同盟和全世界反法西斯力量为另一方进行的第二次全球规模的战争。从欧洲到亚洲，从大西洋到太平洋，先后有 61 个国家和地区、20 亿以上的人口被卷入战争，作战区域面积达 2 200 万平方千米。

■ 萨拉米海战的智慧秘密

　　另一个关于坚毅与沉着的典例是提米斯托克利。他是雅典的海军统帅。

　　故事发生在公元前 480 年,野心勃勃的波斯王率军迅速席卷了希腊。当波斯陆军直扑雅典的时候,波斯海军也绕过优卑亚岛,来到雅典的外港。面对波斯强大的水陆夹击,希腊人动摇了。集聚在雅典城南萨拉米海湾的希腊联合舰队军心涣散,有些城邦的人甚至想把船驶离海湾。

　　跟人类历史上的任何一次生死攸关的战斗一样,希腊内部高层领导为撤退和迎战争论不休。主战派代表就是海军统帅提米斯托克利。他说,在这个关键的时候,任何一种逃避都是无用的。要想生存,就必须迎战。他让所有的妇女和小孩都到附近的岛上去躲避,然后召集所有的战船,把战船集中到萨拉米海湾。萨拉米海湾港窄而浅,波斯战舰虽多,但船体笨重,而希腊的战船都是小型战船,希腊人完全可以在自己家门口驾驶着灵活的小船,利用熟悉的水情和航路战胜敌人。

　　可是,希腊人已经被波斯王的锐气征服了,他们不敢相信能够取得任何一次胜利。会议连开了两天,意见仍然无法统一。这时一些主战派也渐渐动摇了。战机稍纵即逝。提米斯托克利焦急万分。但他急而不乱,他相信,只要沉着应对,一切都会有办法的。

　　他先派出自己的贴身卫士,让卫士带着一封密信,去向波斯王告密,说希腊这边军心浮动,不敢交战,已经有人想要逃跑了。这与波斯王看到的景象吻合,因此波斯王对此深信不疑,他高兴地下令封锁所有的海湾,一艘

战船都不能放过。他要将希腊战船一网打尽。

公元 480 年 9 月 23 日是个值得记忆的日子,抱着必胜信心的波斯王用了 1 000 艘战船完成这场战事。他先派出 200 艘战船赌住了海湾西口,再用 800 艘战船堵住东口,总之,波斯战船以最浩大的声势严严实实地包围了萨拉米海湾。然后,他把战事的指挥权交给海军统帅,他自己则找了个山头,手握纸笔,准备记录自己设计的这场战役的空前盛况。

被包围的希腊刚才还在争论不休,这时如梦方醒。他们明白,决战的时候到了。不战则死,没有了任何回旋的余地,大家只好硬着头皮上阵了。提米斯托克利再次发挥了自己沉着冷静的特质,他迅速对希腊联合舰队做出了部署。虽然全部战船只有 358 艘,但每一艘都因为放到最合适的位置上,而发挥出了以一当十的巨大威力。

战役打响了。战事果然如提米斯托克利预料的那样:雅典的小战舰体积小、速度快、机动性强、吃水浅,而波斯的巨大战船在又窄又浅的萨拉米海湾里笨拙不堪。提米斯托克利让希腊人把自己的战船前面的横杆上都包上铜皮,然后灵活机动地用它撞断波斯人的长桨。失去了长桨的波斯大船,像迷路的孩子一样团团转,这时希腊小船再调转船头,猛撞波斯船的肚子。站在山头上看热闹的波斯王,惊心动魄地看着自己的战船一艘一艘被撞沉了。

波斯舰队的先锋部队承受不了这样沉重的打击,调转船头向后撤退。但更悲惨的事情发生了。它们与鼓满了帆前来救援的后队撞了个满怀。笨重的波斯舰队自己与自己撞了个稀里哗啦。提米斯托克利见此情景,趁机指挥全军四面出击,战役大获全胜。

这次战役重创了波斯军队,挽救了希腊的命运,希腊开始由防守转向进攻。波斯则从此走向颓势,最后终于败给了希腊。而提米斯托克利则一战成名,希腊人奖给他一辆漂亮的战车,并给他戴上了一顶象征最高荣誉的橄榄花环。

逐梦箴言

只要抱定了坚定的信念，寻找到方法只是迟早的事。提米斯托克利在危急时刻，让敌人帮忙战胜战友的恐惧。另一方面，这个故事告诉我们，战胜恐惧有两大法宝，一是强大的实力，二是坚定的信心。当我们毫无退路，当我们不具备强大实力的时候，冷静思考 理清思路，以既有的条件科学应战，求取最后的胜利，也不是不可能的。

知识链接

萨拉米海战，是希波战争的一部分，是希波战争最后，也是最重要的一场大战。当时的战争背景是攻占温泉关以后，波斯军长驱直入希腊，直扑雅典城。然而雅典城空空如也，什么都没有。波斯王薛西斯大怒，下令放火烧毁了希腊的这座最大、最富庶的城市。

我的未来不是梦

■ 不入虎穴焉得虎子

表面上看起来,班超是个不拘小节的人,就因为这个,他曾经在军营里当小文官,还被免职了。那个职位,本来就是因为他哥哥班固是朝廷里的大官,皇帝才赏给他的。但实际上,他并不是粗心大意的人,相反,他是个谨慎明理,敏感细致的人。

那时汉武帝刚刚开通西域,西域诸国一直与西汉王朝保持着良好的关系。但是这种关系后来被王莽打破了。此后情形越来越差,各国之间互相攻伐,最都被匈奴控制了。匈奴得到了西域诸国的人力、物力,实力大增,就开始一点一点地向汉朝进犯,边地人民不堪其苦。

永平十六年(73年),奉车都尉窦固奉命出兵攻打匈奴,班超随从北征。这时班超只是个假司马。假司马是个小文官。官很小,但它是班超由文墨生涯转向军旅生活的第一步。班超一到军旅中,就显示了与众不同的才能。他率兵进攻伊吾(今新疆哈密西四堡),战于蒲类海(今新疆巴里昆湖),小试牛刀,表现了非凡的军事才干。窦固很赏识他,于是派他和从事郭恂一起出使西域。

就是这次出使西域,彻底改变了班超的人生。

经过短暂而认真的准备之后,班超就和郭恂率领36名部下向西域进发。班超先到鄯善(今新疆罗布泊西南)。鄯善王对班超等人先是嘘寒问暖,礼敬备至,后来却又突然改变了态度,变得疏懈冷淡。班超凭着自己的敏感,估计其中必有原因。

他对部下说："你们有没有觉得鄯善王跟前几天不一样了？一定是匈奴派使者来了，鄯善王现在拿不定主意了，我们处境危险了。"

于是，班超便把接待他们的鄯善侍者找来，出其不意地问他："匈奴使都来了这么多天了，现在还在这儿吗？"

侍者没想到班超会这样问，仓促间难以置词，只好把情况照实说了。班超把侍者关押起来，以防泄露消息。

然后，班超把所有部下一共36人全部召集起来，大宴宾客。饮到酣处，班超故意说："各位兄弟，我们现在身处绝地，本来是想立个大功，求取荣华富贵。但是现在情况有变，匈奴的使者也到了这里，鄯善王的态度先恭后倨，很明显，他的态度是倾向匈奴的。万一他把我们都捆起来送给匈奴，我们就只能葬身他乡了。"

到了这时，大伙都说："既然到了这个地步，我们都听你的。"

班超说："不入虎穴，焉得虎子。现在，我们只有趁着晚上，把匈奴使者杀掉了。用火攻，大伙吵吵嚷嚷的，他们也不知道我们有多少人。杀了匈奴使，鄯善王害怕了，这事就好办了。"

有个部下说："这事还得跟郭恂商量商量。"

班超大怒，说："是死是活就在今天了。郭从事是个胆小怕事的文官，他听了这话，肯定吓也吓死了。还能成事吗？大丈夫死就死了，但不能死得无名。"

部下一致称是。

这天天刚黑，班超率领将士直奔匈奴使者驻地。天上正刮大风，班超命令10个人拿着鼓藏在敌人驻地后面，约好一见火起，就猛敲战鼓，大声呐喊。并命令其他人拿着刀枪弓弩埋伏在门两边。班超在上风头放火，风助火势，匈奴军营很快就燃起了熊熊大火。这时，班超带领的36人在前后大声鼓噪，声势喧天。匈奴人乱作一团，逃遁无门。班超亲手搏杀了3个匈奴人，他的部下也杀死了30多人，其余的匈奴人都葬身火海。

第二天，班超才把这事告诉了郭恂。郭恂听了先是吃惊，接着脸上出现了不平之色。班超知道他心存疾妒，就对郭恂说："我们俩一起出来，活

命要紧，我没有独揽大权的意思，咱们还得要团结啊。"郭恂这才释怀。

班超于是请来了鄯善王，把匈奴使者的首级给他看，鄯善王大惊失色，举国震恐。班超好言抚慰，晓之以理，动之以情。鄯善王表示愿意归附汉朝，并且同意把王子送到汉朝作质子。

班超完成使命，率众回都，把情况向窦固作了汇报。窦固大喜，上表奏明班超出使经过和所取得的成就，并请皇帝选派使者再度出使西域。

皇帝很欣赏班超的勇敢和韬略，认为他是难得的人才，对窦固说："官吏都像班超这样就好了啊，干吗有人才不用，还要再从别处选呢？就派班超去吧。就这样，班超凭借自己的坚毅勇敢和沉着冷静取得了自己的位置，接连出使西域各个国家。那些小国的国王都听说了他杀匈奴使者的故事，对他又敬又怕，都愿意给他面子，他顺利说服了一些国家，最后终于平定了西域，立下了汗马功劳。

逐梦箴言

　　一个人能急中生智，其思维的变通性和灵活程度都很高，才思敏捷、敢于打破思维定势，在危急时刻头脑里能产生许多办法，这时应当机立断，付诸行动。在日常生活中，我们要培养自己的"情急生智"的能力。首先心里要有"智"。这个"智"就是知识、经验和运用知识、经验进行创造活动的能力。所以，要想"急中生智"，就必需注意积累，善加运用。

知识链接

　　不入虎穴焉得虎子，是一个八字成语。意思是不进老虎窝，怎能捉到小老虎。比喻不冒危险，就不能成事。今也用来比喻不经历最艰苦的实践，就不能取得真知。比喻不亲身经历险境就不能获得成功。这个成语的出处就是来自班超出使杀匈奴的故事。

我的未来不是梦

名人名言

迎头搏击才能前进。勇气减轻了命运的打击。

——[古希腊]德谟克利特

真金在烈火中炼就,勇气在困难中培养。

——[古罗马]塞涅卡

人的一生中,最光辉的一天并非是功成名就那天,而是从悲叹与绝望中产生对人生的挑战,以勇敢迈向意志那天。

——[法]福楼拜

我崇拜勇敢、坚韧和信心,因为他们一直助我应付我在尘世生活中所遇到的困境。 ——[意]但丁

不管发生什么事,都要冷静、沉着。 ——[英]狄更斯

第三章

雄才大略,足智多谋

○**导读**○

　　英雄二字，总让我们眼前浮现出这样一些形象：他们扬鞭跃马，他们驰骋拼杀，他们运筹帷幄，他们决胜千里，他们雄才大略，足智多谋！是的，这些形象，又总会让我们轻易地并且具体地和某些人物联系在一起：麦克阿瑟、诸葛亮、亚历山大、拿破仑、恺撒大帝、古斯塔夫二世、汉尼拔巴卡……这些英雄，是因为在军事上战功卓著。或许要感谢那些特殊的岁月，赋予他们展示军事才能的空间。

■ 足智多谋来源于知识的丰富

普鲁塔克在《希腊罗马名人传》中述说,亚历山大作为一代军事家和领导者,有其独到之处:

亚历山大远征东方波斯的时候,临出征前,他把自己所有的地产收入、奴隶和畜群全部赠他人。有位将领迷惑不解地问他:"陛下,您把所有的东西分光,把什么留给自己呢?"

"希望!"亚历山大干脆利落地答道,"我把希望留给自己,它将给我带来无穷的财富!"从这些来看,亚历山大从小骨子里就有雄才大略。

亚历山大童年时就有雄霸天下的气概。小时候,有人问他,有兴趣参加奥林匹克的赛跑吗?他说:"如果各国国王都参加,我就愿意跑。"

亚历山大看重行动和荣耀,不愿坐享财富和名声。每当亚历山大得知他的父亲征服了一块地,他就会哭着说:"难道父亲不能留下一点儿土地给我去征服吗?"他认为父亲把事都做完了,不给他留下建立功勋的机会。

他懂得知识的力量,并善于运用学到的知识。在离开马其顿东征时,他就随军带着土地测量员、工程师、建筑师、科学家、法务人员和历史学家等。因此,他征服埃及的亚历山大城后,马上修筑港口,建造马路,并且修建了至今著名的亚历山大图书馆,这个举动有效保存了古希腊及基督教文化。这是后话。

因为有丰富的知识做底蕴,他的智慧在战争上被发挥得淋漓尽致。

公元前 327 年,亚历山大率军由里海以南东进,波拉伐斯王国虽不及

波斯庞大，但也算得上一个强国。国王波拉斯能征善战，手下有大量步兵骑兵及战车，与亚历山大部队不相上下。此外尚有一支独特兵种——战象。当时正值夏季，河水较深，有真纳河天险可凭，因而波拉斯信心十足。他除了在战场布置哨兵之外，还派大象"把守"关口。马其顿的战马都来自北方，没有同南方这种庞然大物打过交道。它们一见大象就会因为惊惧而从船上跳进水中，这样马其顿的骑兵自然就无法过河了。

亚历山大深知渡河不易，不敢怠慢。他经过对地形的侦察，拟定了一个"明修栈道，暗度陈仓"的计划。计划共分3步：第一步，白天佯渡，疲惫敌人。令船只在营地附近下水，来回航行。岸上的士兵也随船来回平行运动，似乎在寻找时机准备抢渡。波拉斯不敢怠慢，在彼岸也随敌舰航行方向，来回奔波，这样的拉锯战，使波拉斯的军队不战而精疲力竭了。

第二步，夜间佯渡，迷惑敌人。亚历山大亲率部分骑兵，沿岸来回奔跑，边跑边呼冲锋的口号，似乎要偷渡过河。于是波拉斯又带着他的军队在对岸来回奔跑起来。这样一连数日，马其顿人又未过河。波拉斯由此得出结论，敌人并不敢真渡河，只是虚张声势而已。于是不管敌人怎样行动，怎样叫喊，大部队都不再随之运动。亚历山大看到波拉斯的人马已经疲惫不堪，并且麻痹起来。

于是，开始下一步行动——夜间偷渡。暗地把大部分人马、船只和皮筏调往河流上游真纳河转弯的地方，形成一个岬角，岬角上树木茂密。岬角对面的河中有一岛屿，也长满了树木，人迹罕至。马其顿人在这自然屏障的庇护下进行紧张而认真的渡河准备工作。

公元前326年6月底的一天夜里，大雨滂沱，河水咆哮，马其顿人借老天的掩护把兵力都集中到岸边。正巧破晓前雨过天晴，风平浪静，亚历山大马上令骑兵分别登上战船和皮筏，直向河中岛屿驶去。波拉斯派儿子小波拉斯领兵前去阻击。当小波拉斯到达岬角对岸时，马其顿的大部分军队已经渡过河来。他的人马太少，一击即溃，自己也送了性命。

波拉斯听说亚历山大带领大军渡过河来，并且杀死了自己的儿子，异常悲愤。他只留少数部队看守当地河岸，亲率大军迎击亚历山大。当他来到一块平坦而又坚硬的沙土地带时，就摆开阵势。他把200头战象放在前面，每头相隔数丈，构成第一条战线，使敌人战马望而生畏，步兵不敢穿过。他又让步兵站在大象的后面，构成第二条战线，把住大象之间的每个空隙。骑兵布在步兵两边，以便机动策应。而180辆战车就分别放在左右两翼骑兵的前边。这些战车看来很是威风，但在实际战斗中并没有起什么作用。

亚历山大碰上了波拉斯的军队，立刻调整队形，准备还击。他命令士兵不要首先投入战斗，待马其顿骑兵把对方打乱时才出击。同时，他又命令科那斯率两队骑兵偷偷绕向敌人右翼，待敌人骑兵与自己的右翼骑兵厮杀时，绕到后面袭击敌人。而亚历山大则带领大部分骑兵占据右翼，准备首先从这里发起进攻。

当波拉斯发现敌人的大批骑兵集中在自己的左前方时，就把右翼骑兵也调到左翼，并让全部骑兵一齐向敌人骑兵发起进攻。亚历山大一见敌人骑兵出动，便命1 000名马弓手同时放箭，波拉斯的骑兵顿时大乱。趁这机会，亚历山大带领骑兵飞驰而上，两支骑兵战作一团。马其顿方阵步兵一直观战，看到时机已到，便一拥而上，围攻大象，从四面八方投枪放箭。波拉斯的骑兵勇敢顽强，但因经验太少，训练不够，败下阵来。马其顿的骑兵、步兵步步进逼，向敌方拼命投枪放箭，波拉斯的骑兵伤亡惨重。特别是那些战象，因重伤疼痛，狂怒冲撞，不分敌我，无情践踏。波拉斯的士兵很多人死在象蹄之下。这时，亚历山大让骑兵在对方后面截击，步步进逼。很多波拉斯的战士无法脱身，惨死沙场。这时留在西岸的马其顿的步兵和骑兵直接渡河，同亚历山大亲自率领的部队一起结束了这场战斗。

亚历山大从小师从希腊哲学家亚里士多德，这位名师跟他说，只有希腊公民才配享有自由，其他民族都是奴隶，但是亚历山大不是这样看。征服波斯后，他尊重对方的组织能力，准予对方保有行政结构及文化。亚历山大口才流利，思考成熟，知识面广泛。他很小的时候，出面招待波斯国王派来的使臣，提出的问题就有了一个将领的高度。

他还精心设计同化政策，维持帝国的统一，胸怀大局，亲善天下。《经典管理——世界名著中的管理启示》一书作者克莱门更佩服亚历山大每征

服一地时，还换穿当地人的服饰，例如率军进入巴细亚，就立即换上当地蛮人的衣服，还娶了当地领袖的女儿罗珊娜，亲上加亲。他也准许当地领袖继续统治，他征服了一个印度省份，当地领袖恐惧地征询他，要当地民众怎样做，亚历山大答道："我要人民选择你来统治他们。"当然，他得到了这位领袖的赤胆忠心。

逐梦箴言

"心有多大，舞台就有多大。"这个心，是胸怀与智慧。胸怀与智慧来源于知识。一个人在少年时虽然立下了宏伟志向，但如果没有用知识架构起博大的胸怀和渊厚的智慧，或许他们也会积以小成，却永远不会像羽毛丰满的鹰一样飞得高远。鸡永远不会有鹰的境界，因为它们的心中没有广远的天空。

知识链接

亚历山大大帝，古代马其顿国王，亚历山大帝国皇帝。世界古代史上著名的军事家和政治家。他足智多谋，在担任马其顿国王的短短13年中，以其雄才大略，东征西讨，先是确立了在全希腊的统治地位，后又灭亡了波斯帝国。在横跨欧、亚的辽阔土地上，建立起了一个西起希腊、马其顿，东到印度河流域，南临尼罗河第一瀑布，北至药杀水的以巴比伦为首都的庞大帝国，创下了前无古人的辉煌业绩，促进了东西方文化的交流和经济的发展，对人类社会的进展产生了重大的影响。

■ 让理想的太阳照亮人生

公元前 44 年,恺撒被推举为终身独裁官。元老院、公民大会和各种职官形式上虽然保存,但实际上一切听命于恺撒。他的出身被神化,他已经成为罗马世界至高无上的主宰者。

在恺撒独裁统治期间,为了加强中央集权制,巩固统治基础,采取了一系列改革措施。通过这些改革措施,恺撒一方面加强了罗马帝国与其他帝国的联合,另一方面,提高了各行省的地位,而削弱了元老贵族的势力。所以,恺撒的独裁和改革遭到一部分元老贵族的坚决反对,其代表人物是布鲁图和卡西乌斯。而布鲁图是恺撒的主要政敌庞培的部下,现在又被恺撒宽恕,并继续信任和重用。

恺撒和庞培早年曾经担任执政官。当恺撒在罗马帝国西部打仗的时候,庞培在帝国东部(今天土耳其和叙利亚的一部分)也屡建战功。庞培虽然是恺撒的亲密朋友,却十分嫉妒恺撒。恺撒征服的地方越来越多,在士兵中的威信又日益增高,使庞培深感不安。公元前 49 年,他怂恿元老院解除恺撒的兵权,命令他立即从高卢返回罗马。

恺撒接到命令,知道这是庞培的阴谋。他反复考虑,决定带领军队打回罗马,利用这次机会在罗马建立独裁政权。

恺撒带领军队,走到一条叫做卢比孔的小河边。罗马法律规定:任何将军没有接到命令,不得带领军队越过这条小河。否则,就要当作谋反来治罪。恺撒当机立断,对着部下大声喊道:"骰子已经掷下去了!"他跨上战

马,跃进溪流,大军紧紧跟随在后,很快就越过了卢比孔河。

庞培没有料到恺撒会这样果断地进军罗马,迎战不及,只得带着2.5万人仓皇逃往希腊。

恺撒进入罗马后,迫使元老院同意他成为罗马的"独裁者",随后又得到了统治整个意大利半岛的权力。等罗马局势稍稍稳定以后,恺撒立即进军希腊,讨伐庞培。

庞培被打败,逃到了埃及。恺撒也跟着追到埃及。埃及国王为了讨好恺撒,派人刺杀了庞培,把血淋淋的人头送到恺撒面前。谁知恺撒却把脸一沉,转过头去。这个高傲的独裁者不愿意看到他的政敌被别人杀害,他下令处决了杀死庞培的人。

这个时候,埃及托勒密王朝正发生争夺王位的纠纷,恺撒支持了以美貌闻名的女王克娄巴特拉,并且在她的深宫里住了半年之久。

接着,他的军队又进入小亚细亚,只用5天的时间,就平定了庞培部下本都王子的叛乱。他用最简洁的拉丁文写了一份捷报送回元老院,上面写的是:"我来了,我看见了,我打胜了。"这个战报充分显示了恺撒用兵神速的特点。

再过两年,恺撒从北非转战西方,又在西班牙扑灭了庞培两个儿子的反抗。但他宽恕了庞培手下的将领,把他们收为自己的部下。其中最被重用的就是布鲁图。

恺撒的凯旋受到罗马人热烈的欢迎。有些人想拥戴他当皇帝。从公元前509年塔克文被赶走以后,罗马就没有过帝王。罗马人仇视帝王,反对恢复帝王的职位。

恺撒虽然内心十分想当皇帝,也不敢轻举妄动。在一次节日盛会上,执政官安东尼突然把一顶皇冠戴在恺撒头上。可是只有少数人鼓掌,大多数人都在叹息。恺撒一看这种情况,认定还不到称帝的时候,就取下王冠扔在地上。安东尼连忙拾起皇冠又给他戴上,他又扔掉了。人们看到恺撒一再拒绝戴上皇冠,就欢呼起来,纷纷向他致敬。

恺撒虽然没有当上皇帝，却已经拥有许多尊贵的称号："终身保民官"、"祖国之父"等等。法律规定他坐在黄金象牙宝座上处理公务，他的画像同天神放在一起。他获得了无限期的独裁权力。

有些人看出，恺撒的权力愈来愈大，总有一天会戴上皇冠的。因此，他们组织了阴谋集团，决心除掉他。这些阴谋者当中，有一个就是那位受到恺撒信任的布鲁图。

公元前44年3月15日，元老院举行会议。恺撒单身一人来到会议厅。他的妻子曾梦到他在去元老院后就回不来，而且他的一个朋友也提醒他今天会有一件坏事发生，劝他不要去元老院，就算去也要带卫队一起去，但是他仍然拒绝带卫队。他说："要卫队来保护，那是胆小鬼干的事。"恺撒大步走进大厅，坐到黄金宝座上，笑着说："现在不就是3月15日吗？"这时候，阴谋者都身藏短剑，像朋友一样围在他身边。其中的一个人跑到他面前，抓住他的紫袍，像是有什么事要请求他似的。原来这就是动手的暗号。众人一拥而上，用短剑刺向恺撒。恺撒没带任何武器，他奋力夺下紫袍，进行反抗。他的腰部中了一剑。接着，一剑又刺进了他的大腿。他看见这一剑正是他最信任的布鲁图刺的，不由得惊呼："啊，还有你，布鲁图！"他放弃了抵抗，颓然倒下，用紫袍蒙面，听任他的仇敌乱刺、乱砍。他一共被刺23处。其中3处是致命的，恰巧死在庞培雕像的脚下。

在出席元老会的前一天，恺撒和他的骑兵长雷必达一起用餐时，突然提出一个问题，"怎样一种死法是最好的？"大家纷纷发表意见，最后，恺撒表示，他愿意突然而死。谁料想，第二天他的预言就应验了。

恺撒被杀死以后，布鲁图故作姿态说："我爱恺撒，但我更爱罗马！"可是他们没有想到的是，罗马的平民们没有一个人对恺撒之死表示狂喜甚至高兴。当凶手们手提着血淋淋的短剑走出元老院的时候，和他们所预料的欢呼场面完全相反，他们看到的，只是表情冷漠、充满怀疑目光的人群——人们并不愿意接受这个事实。

但事实上，恺撒的死却有另一种说法。

我的未来不是梦

他拒绝了王位,作出一些不太让元老满意的举动都是故意而为之,而且他身患重病,他只有唯一一个儿子奥古斯都,尽管不是亲生的。所以他想留下光辉形象,既不想让自己在史料上留下病死的一笔,又不想让奥古斯都进行磨难后,将那些元老杀死,自己在百姓面前光明正大地当上"王",所以出此下策。

假如这是真的,那么恺撒应是一个考虑周全,但又有点残忍,为了荣誉竟不惜以身殉名的人!

逐梦箴言

目光足够远大的人,有时甚至会将自己作为整个事业的一枚棋子,而能做到这一点的人,定不会被历史忘却。

知识链接

盖乌斯·尤利乌斯·恺撒(前100—前44),罗马共和国末期的政治家、名将,罗马帝国的缔造者。曾与庞培、克拉苏结成三头同盟,远征高卢,建立功勋,后与庞培决裂,争夺对未来罗马的控制权。其经历被记录在自传体著作《高卢战记》《内战记》中。

军事奇才汉尼拔

公元前 6 世纪末，在非洲北部，现在的突尼斯一带出现了一个富强的奴隶制国家——迦太基。迦太基出了一名著名的军事统帅——汉尼拔。

汉尼拔(前 247—前 183)是迦太基将领哈米尔卡尔·巴尔卡的儿子。他的童年正处于第一次"布匿战争"时期。因罗马人称迦太基人为布匿人，所以他们之间的战争被称为布匿战争。

汉尼拔从小就经受着战火的锻炼，9 岁时，父亲命令他跪在祭坛前发誓：长大成人后，一定要成为与罗马誓不两立的仇人。25 岁时，年轻的汉尼拔成为迦太基驻西班牙部队的最高统帅。虽然年轻，但他却在父亲的培育下成长为一个意志坚强、富有军事才能的人。由于从小跟随父亲，受过多年军营生活的磨炼，他具备了坚韧不拔的毅力和吃苦耐劳的精神，胆识过人，善于用兵。平时，他生活简朴，与士兵同甘共苦；战时，他身先士卒，深受士兵的拥戴。有人曾这样描写他："没有一种劳苦可以使他的身体疲乏或精神颓丧。酷暑也好，严寒也好，他一样受得了。无论在骑兵还是步兵里，他总是把其他人远远地抛在后面，第一个投入战斗，交战之后，最后一个退出战场。"汉尼拔上任后，他不仅拟订了古代战争史上少有的周密而详尽的作战计划，还暗中派了许多秘密使者，去争取那些对罗马心怀不满的希腊城邦站在自己的一边。汉尼拔完成一系列对罗马人作战的准备之后，决定迫使罗马人首先向迦太基宣战。为达此目的，他首先进攻罗马的西班牙同盟者——富足的萨贡姆城。

萨贡姆城遭到突然袭击后,急忙派使者前往罗马求援。罗马元老院向汉尼拔发出警告,汉尼拔反而责备罗马干涉萨贡姆内政。公元前218年,罗马向迦太基宣战。第二次布匿战争正式开始。

罗马人本打算兵分两路:一路从西西里进攻迦太基本土;一路从西班牙登陆,以牵制汉尼拔的军队。可汉尼拔却出人预料地避开了罗马人的主力,冒着极大的危险,率领大军,从小道翻越了人迹罕至的阿尔卑斯山,攻入意大利本土,出其不意地给了罗马军队一个沉重的打击。罗马军队措手不及,作战计划全部被打乱了。

这次跨越阿尔卑斯山的远征,行程近900公里,汉尼拔的大军克服了许多艰难险阻。只用了33天时间就越过了冰雪覆盖、山高坡陡、气候恶劣、岩多路滑的阿尔卑斯山,走完这段异常艰苦的征程后,汉尼拔由9万步兵、1.2万骑兵和几十头战象组成的大部队只剩下2万步兵,6 000多没有马的骑兵和一头战象了。不久前刚被罗马人征服的内阿尔卑斯山居民仇恨罗马统治者,所以,汉尼拔的军队开下山时,一些高卢部落纷纷来投奔,汉尼拔又得到了充足的人力和马匹。经过修整,精力充沛、斗志旺盛的迦太基士兵一举打败了罗马部队。这一胜利使徘徊观望的高卢人很多转到了汉尼拔的部队。

公元前217年6月,汉尼拔采取迂回战术,在意大利中部的特拉西美诺湖畔设下埋伏,把罗马4个军团近3万人的队伍引进了三面环山、一面临湖的峡谷中,不到3小时汉尼拔的军队便结束了战斗。罗马损失惨重,执政官战死,1.5万人阵亡,几千人被俘,仅剩6 000人冲出重围,逃入附近的一个村庄。汉尼拔的士兵穷追不舍,在缴械留命的条件下罗马士兵全部投降了。汉尼拔区别对待俘虏,命令给罗马士兵全部戴上枷锁,立即释放了无罗马公民权的意大利人。

汉尼拔注意利用罗马和意大利各同盟之间的矛盾,目的在于孤立和削弱罗马。与此同时,他还与地中海沿岸的罗马邻国结成反罗马联盟。

公元前216年8月,著名的康奈战争爆发。当时罗马军队有步兵8

万,骑兵6 000,而汉尼拔只有步兵4万,骑兵1.4万。经过12小时的激战,罗马军大败,损失7万余人,而汉尼拔只损失不到6 000人,创造了古代军事史上以少胜多的辉煌战例。

公元前196年,汉尼拔当选为迦太基最高行政官,实行了许多重大改革。但这些改革措施遭到贵族寡头们的强烈反抗。他们向罗马政府告密,诬陷汉尼拔准备发动新的反罗马战争。他们想借此机会加害汉尼拔。已臣服于罗马的迦太基政府竟准备用汉尼拔来换取罗马人的欢心。汉尼拔万般无奈下连夜逃出家乡。罗马人不肯留下后患,跟踪追捕。公元前183年,在无路可逃的情况下,汉尼拔在异国他乡服毒自杀了。汉尼拔足智多谋,学识渊博,抱着拳拳爱国之心本应做出更辉煌的伟业,但却落个悲惨的结局。只可惜他生不逢时。

随着汉尼拔率军翻越阿尔卑斯山远征意大利,第二次布匿战争全面爆发了,而汉尼拔则在这场战争中显示了他卓越的统帅才能和超常的军事才华。他在大战略层面上的战争艺术和指挥作战的谋略都值得后人借鉴。

汉尼拔的战斗生涯,也是一个不断自我提升的过程。而汉尼拔对罗马的成功入侵,将成为汉尼拔战争历史上最成功的一笔。

汉尼拔被西方人誉为战略之父,其许多思想和作战方法都有着理想主义的光芒,或者说,他是今天美国"高边疆"战略理论之父。但是,我们同样也看到了这样的事实,在局部战略上和大战略上,汉尼拔作为实际在前线坚持战争的指挥员,确实发挥了自己的最大的极限。但是,由于其本人并不是国家政策的制定者,即便在一个局部上实现了战术、战役与战略的多重胜利,但核心基础还是国家整体利益决定整个战略方针是否可行。因此,汉尼拔的失败与其说是由于西庇阿战略战术运用得当的成功,还不如说是迦太基总体国家战略的失策。

我的未来不是梦

需要有全局的眼光,才能将才华投入到最需要的场合,发挥最大的效用。

知识链接

汉尼拔·巴卡(前247—前183),北非古国迦太基著名军事家。年轻时便立誓终生与罗马为敌。在第二次布匿战争中出奇计,击败了如日中天的罗马。

北方雄狮古斯塔夫

古斯塔夫·阿道夫（1594—1632）瑞典国王，统帅。生于斯德哥尔摩。1610 年随父出征，与丹麦作战。1611 年继位。1612—1613 年与丹麦军队作战失败，被迫割地求和。1614—1617 年率军对俄国开战，取得胜利，获得芬兰湾周围的土地。后进行军事改革，实行普遍征兵制，建立战斗力强大的常备军，精简军队编制，改善武器装备，使炮兵变成独立兵种，并使其与步兵、骑兵和后勤兵密切配合，采取灵活的线式战术。1621 年发动历时8 年的对波兰战争，接连获胜，几乎全部占领波罗的海沿岸。1630 年率军参加 30 年战争，深入德意志腹地。1631 年在布莱登菲尔德战役中击败蒂利率领的神圣罗马帝国军，获"北方雄狮"称号。次年在列克河之战再次击败蒂利，攻占纽伦堡，进逼慕尼黑。同年 11 月 16 日在吕岑会战中击败华伦斯坦率领的帝国军，但本人亦阵亡，年仅 38 岁。

古斯塔夫二世在瑞典历史上的地位独一无二，他天资聪颖，对政治、军事、历史、文学都有极大兴趣，懂得 8 种语言，他 11 岁就和一帮大臣坐在一起商讨国事，16 岁第一次纵马挥剑驰骋疆场，17 岁时，瑞典国会因为这位少年君主的出类拔萃而废除了继位登基的年龄限制。他继承王位，成了一国之君。

然而，年轻的古斯塔夫面对的是十分复杂的形势。他的堂兄，时任波兰国王的西吉斯蒙德一直宣称自己才是瑞典王位的合法继承人，并得到一些瑞典贵族的支持。而从他祖父古斯塔夫·瓦萨时代就结下瑞丹矛盾，和

从他伯父约翰三世时代结下的瑞俄矛盾,此时仍剪不断,理还乱。瑞典与上述三国之间剑拔弩张,战争一触即发。

而在国内,因他父亲卡尔九世对西吉斯蒙德的支持者进行了清洗,制造了"林雪平惨案",使得国内的贵族反对势力强大。而丹、波、俄三国的连年战争,已使得瑞典国内民穷财尽。

总之,用"危机四伏"来形容古斯塔夫继位时的处境,是再确切不过的了。

古斯塔夫首先摆平了国内的贵族,并在奥克森斯蒂耳的作用下,贵族和国王之间签订了史称"古斯塔夫·阿道夫宪章"的一系列条款,规定国王不得掠夺贵族的领地和财产,不得随意逮捕贵族等,以换取贵族对国王的效忠。古斯塔夫的妥协一方面是形势所迫,但另一方面也与他将事业的重心放在对付国外的敌人有关。奥克森斯蒂耳后来成为一代名相,当古斯塔夫在外搏杀时他负责内务,古斯塔夫战死后他接管军队继续作战,为君臣相助的典范。

古斯塔夫甫一即位,便遭到世仇丹麦、俄国先后的袭击。咬紧牙关挺过去的刚刚即位的缺兵少银人心不稳的 6 年之后,古斯塔夫终于长长舒了口气,1617 年 10 月,他在乌普萨拉大教堂举行了迟到 6 年的加冕仪式。从这一年起,他通过一系列的改革,将瑞典推上了欧洲强国的地位。

当古斯塔夫的改革初见成效之时,波兰首先撞在他的枪口上。从 1621 年起,古斯塔夫几度进军当时隶属波兰的立沃尼亚,夺取了首府里加,1626 年取得关键性的沃尔霍夫会战的胜利。在这些战斗中,古斯塔夫的战场指挥技术渐趋成熟,当他的能力和经验达到巅峰状态的时候,终于在德意志三十年的战争中为他自己,也为瑞典取得了空前的荣誉和威望。

德意志 30 年战争是一场欧洲新教与天主教势力的大搏杀,实际上也是一场德意志统一与分裂势力的大搏杀,在神圣罗马帝国的杰出军事家华伦斯坦和提利的领导下,新教联盟均遭到惨败。

这时,欧洲各个新教国家都把目光投向北方的瑞典,年轻的瑞典国王古斯塔夫·阿道夫扮演德意志新教救世主的时机已经成熟。在老奸巨猾的法国首相黎塞留的挑唆和资助下,古斯塔夫于 1630 年张牙舞爪地扑向

了德意志。他以新教的保卫者自居，要让德意志那些天主教军队尝尝他瑞典雄兵的厉害！

1630年，古斯塔夫仅率领1.3万瑞典军，在德国登陆，正式开启了三十年战争的第三阶段——瑞典阶段。

此时帝国军队总司令华伦斯坦已经被迫辞职了，古斯塔夫的对手是接任总司令的提利伯爵。战争开始阶段，古斯塔夫采取稳扎稳打的策略，巩固波罗的海沿岸地区作为后方基地，然后沿着奥得河一步步上溯，在一些小的战役中打败帝国军队。

在这种情况下，神圣罗马帝国皇帝不得不重新任用心存顾忌的华伦斯坦为统帅。

华伦斯坦复出后打败萨克森军队，进军萨克森，准备切断古斯塔夫的退路。于是，古斯塔夫被迫回师萨克森，双方均在莱比锡附近集结军队，又一场决战到来了，这就是著名的吕岑战役。这场大战是在大雾中展开的，一开始瑞典军进展顺利，但当古斯塔夫从战线右翼回援中央过程中与队伍脱离，结果在与帝国军队的格斗中阵亡。瑞典军队在伯恩哈德的率领下继续奋战，仍然取得了战役的最后胜利。

后来，瑞典在法国介入战争的情况下，终于坚持到了三十年战争的胜利。瑞典成为除了本土外，还拥有芬兰、德意志北部沿海地区、芬兰湾、里加湾的北欧大国。古斯塔夫一直以战神的形象被后人记住。他的军事改革及他在战场上的神勇表现确实深刻地影响了欧洲军事的发展，并改变了当时的政治格局，当然，古斯塔夫并非仅仅是一个雄赳赳的武夫，他在内政方面同样成绩斐然。

……

"北方雄狮"的吼声再也听不见了，但是雄狮开创的军事制度并没有随他而去，在此后100年中，瑞典的军事实力一直强大无比，俨然波罗的海地区的霸主。

虽然今天的瑞典已非昔日的超级军事强国，但古斯塔夫影响犹存。这位勇猛无敌、才华横溢的军事统帅已经改变了世界，他在历史上首次将"职

业化""正规化"和"现代化"引入了军队和战争,其军事创新成为欧洲军队的标准和楷模,其"全新战术"影响西方军事达一个世纪之久。无论在欧洲军事史上还是在世界军事史上,他都是一位极具影响力的伟大统帅,"现代战争之父"这一至高荣耀的桂冠足以使他矗立巅峰,傲视群雄,他的雄狮威名和汉尼拔、亚历山大大帝、恺撒、腓特烈大帝、拿破仑等帝王名将一样,成为西方顶级军事高手的代名词。

逐梦箴言

争取到某一次成功,固然是快事,建立导向成功的机制,更是大功一件。对于集体,这种机制可能是某种管理模式,对于个人,这种机制可能是思维模式、工作习惯等等。

知识链接

三十年战争(1618—1648),是由神圣罗马帝国的内战演变而成的全欧参与的一次大规模国际战争。这场战争是欧洲各国争夺利益、树立霸权以及宗教纠纷加剧的产物,战争以波希米亚人民反抗哈布斯堡皇室统治为肇始,最后以哈布斯堡皇室战败并签订《威斯特伐利亚和约》而告结束。德国席勒的《三十年战争史》是记录、反思这段历史的名作。

● 格　言 ●

上兵伐谋。

——《孙子》

权出于战。

——《司马法》

故善战者,不待张军。善除患者,理于未生。善胜敌者,胜于无形。

——《六韬》

将在谋而不在勇。

——(明)徐渭

智慧,不是死的默念,而是生的深思。

——[荷]斯宾诺莎

第四章

随机应变，出奇制胜

我的未来不是梦

◇导读◇

　　但凡军事上取得卓著成就的军事家,总会有出奇制胜的灵感。这种智慧,有时候需要大智若愚,有时候需要雕虫小技。在这一章里,呈现给您的,将是一些英雄传奇,听他们的故事,看他们的一生,去感受历史带给我们的震撼!

传奇缔造者——巴顿将军

"我不想收到电报,说什么'我们正在坚守阵地'。我们不坚守任何阵地,让德国鬼子们去坚守阵地!"

"不是所有的英雄都像传奇故事里描述的那样。军中每个战士都扮演一个重要角色。千万不要吊儿郎当,以为自己的任务无足轻重。每个人都有自己的任务,而且必须做好。每个人都是一条长链上的必不可少的环节!"

一个人慷慨激昂的话语,似乎总能体现出这个人内在的性格,而乔治·巴顿的这两段话,则让我们清晰地看到了一个敢作敢为又深明大义的男子汉的形象。他充满激情而不乏冷静的思考,勇猛而又精通率军的要领。其实,无需做过多的铺垫,想必大家对"乔治·巴顿"这个名字也并不感到陌生。就算你不是军人,不是军事迷,也一定听说过这个美利坚合众国的铁汉将军。而说到巴顿,在我的脑海中最先浮现出的则是"闻风丧胆"这个成语,它似乎只在一些小说和历史文献中才得以被人们所见——所向披靡的霸王项羽,白马长枪的赵子龙,赤胆忠心的岳飞元帅,这些人的名字可以让迎接他们的敌人单是听到就觉得不舒服,甚至坐立不安。真实的情况我们无从得知,但相比这些可以在万军丛中取上将首级却毫发无伤的英雄们,多多少少也被赋予了一丝想象和传奇色彩。然而,在我们的眼耳还能够真切触及的近代历史中,乔治·巴顿将军却是个名副其实的猛兽,在他参与的战役中,由他率领的军队被世人称为"凶猛的洪水",让敌人望而生

我的未来不是梦

畏。他不死板地苛求于传统的军事战术，而是以敢作敢为著称，由他指挥的军队，是劲旅，也是浪漫的艺术家，常常可以做出其他军队不敢为之事。让我们一起来看看跟他交过手的敌人是如何评价他的吧——德军统帅希特勒曾把巴顿说成是"盟军中最危险的人"；另一位德军将领阿尔弗雷德·约德尔则说："巴顿简直是个疯子，他善于使用出其不意的战术，为了取得极大的胜利，他敢于冒极大的风险！"而哈索·冯·曼陀菲尔也曾敬佩地说道："毫无疑问地，乔治·巴顿是我见过的最杰出的装甲部队指挥官"，曼陀菲尔在被盟军俘后曾对讯问的美军将领说："巴顿才是你们最好的。"显而易见，能得到敌人，确切地说应该是强悍的敌人们的赞美足以说明巴顿的优秀。

俗语讲"时势造英雄"，1939 年 9 月，第二次世界大战全面爆发。初出茅庐的乔治·巴顿因此得到了荷枪实弹展示自己才能的机会并连连升级。1940 年 7 月，巴顿受命于马歇尔组建了一个装甲旅，并被晋升为准将。同年，巴顿被任命为第二装甲师师长，晋升为少将。1941 年 12 月，史上著名的珍珠港事件爆发，忍无可忍的美国正式向法西斯势力宣战，美方的愤怒和熊熊燃烧的激情在巴顿的身上得到了十分突出的体现——1942 年 11 月，已经升任第 1 装甲军军长的乔治·巴顿率领美国特遣队 4 万多名官兵横渡大西洋，在法属摩洛哥海滨强势登陆。登陆后，巴顿率领将士们展开了一场酣畅淋漓的大战，最后，经过了 74 小时的拼搏，乔治·巴顿终于将驻扎在摩洛哥的庞大德国军队彻底击垮，迫使他们宣告投降。这次在北非登陆的成功，为盟军顺利地完成北非战局部署创造了有极其利条件。乔治·巴顿功不可没，随后他便被任命为美国驻摩洛哥总督。

时间推移到一年后的 1943 年 3 月 5 日，乔治·巴顿接任美第二军军长，这支军队在巴顿上任前不久刚刚被隆美尔击败，军中人心涣散，纪律松弛，大部分的士兵都如同一盘散沙。然而巴顿从到达第二军的那天开始，便致力于整顿军纪。他鹤立鸡群的军事才能和超强的人格魅力让他迅速改变了第二军涣散而软弱的状态。仅仅 12 天后，这支由巴顿率领的军队便向德军发起了突然进攻，他们一路穷追猛打，如同一只被激怒的狮子，竟

出乎意料地完成了和英军在突尼斯北部对德军的合围。

1944 年，担任第三集团军司令的乔治·巴顿，作为第二梯队参加诺曼底登陆战役，由他指挥的装甲兵团一路横扫欧罗巴大陆，如同一柄寒光闪耀的匕首一般直刺到奥地利，短短 9 个月间，多达 140 万的敌军被歼灭，大大小小总共 1.3 万座的城镇得到了解放，更令人拍手叫绝的是，巴顿率领的兵团在后来的统计中显示为"相对伤亡最小"。

说到此处，我们不得不被这位用兵如神的将领肃然起敬。其实，关于乔治·巴顿，像这样精彩的胜利便不胜枚举。在后世人的口中，这个铁血男儿被人们称作"不可思议的"、"美妙绝伦的"和"极具传奇色彩的"。然而，他的威名不单单因为它卓越的军事才华，这个看似粗鲁、野蛮的汉子除了率军征战，还有他鲜为人知的一面。潘兴元帅在谈到战争中的乔治·巴顿时，曾说他是"美军中的土匪"，这无非是因为他的粗犷和骁勇，但巴顿绝不是一个有勇无谋的莽撞之人。艾森豪威尔曾这样说巴顿，他有一种"非凡而又残酷的推动力"。英国的亚历山大元帅也评论说：巴顿是一个推进器，随时准备去冒险，他应该生活在拿破仑战争年代——他会成为拿破仑手下一位杰出的元帅。这样的褒奖无疑对巴顿将军来说是莫大的肯定。德军的布卢特里特将军写道："我们对巴顿将军的评价极高，认为他是盟军中最敢作敢为的装甲兵将军，一个具有令人难以置信的创造性和雷厉风行的人。他和我们自己的装甲兵将军古德里安很相似。大概是由于他最接近于我们对古典军事统帅的概念，因而他的作战指挥给我们的印象尤其深刻。他甚至进一步提高了拿破仑的基本教义——兵贵神速。"赫尔曼·巴尔克将军也曾坦率地总结道："巴顿将军是第二次世界大战中杰出的战术天才。我至今仍将曾与他对抗看作是一种莫大的荣幸和难忘的经历。"

巴顿将军投注在军事领域的用心是超乎等闲之辈能想象的，他的深谋远虑与智慧也是许多人所不能企及的，"巴顿剑"的成功就是一例。美国早期的骑兵习惯挥舞马刀砍杀，训练时，骑兵们乘坐在马背上，像使用球棒一样疯狂地舞动手里的骑兵弯刀，样子有些笨拙。年轻的巴顿看着骑兵们的练习，心里又产生了想法。他发现法国骑兵使用马刀的方法显然比美国骑

兵灵巧的多，法国人是用刀尖去刺杀，而美国人则是用刀刃去砍杀。而刺杀与砍杀相比能更快地接近敌人，效率也更高。怀揣着这种想法，巴顿调到了迈尔堡。迈尔堡是一个骑兵驻地，这里有军队里最优秀的骑手，美国出身最好的军官，他们熟悉华盛顿的每一位要人。巴顿十分希望能在这个地方有所作为，于是，他把自己的想法明白无误地写在文章里，并把文章交给迈尔堡骑兵团团长格拉德上校。上校是位老骑兵，当然看出了巴顿的主张有多么重要的意义。他建议巴顿再增添一些内容，然后把文章投寄给《骑兵月刊》。

　　然而，巴顿并没有听从团长的建议而是把目光投向了更高级别的军事刊物。他在给未婚妻的信中写道："我希望这篇文章引起轰动。我相信一定会的。"果然，1913 年 1 月 11 日，颇有影响的《陆海军杂志》刊登了巴顿的文章，并立即引起军界的关注。几个月后，陆军参谋长伍德将军命令按照巴顿设计的样式和规格，打造两万把新型军刀。巴顿成功了。

　　在这世界上，衡量一个人的价值有千种万种，有人看你得过多少荣誉，有人数你拥有多少资产，而我却觉得，巴顿将军一生的价值所在，抛开战绩，却是他的那颗永远的赤子之心。

逐梦箴言

　　生在和平年代的我们是永远无法体会战争带给人的残酷的，而这世上总有一些人能够披上战袍，拿起刀枪，抛弃这世间的安逸荣耀，来捍卫自己祖国的荣辱。他们不怕死吗？没有人愿意死！但是，他们更怕的，是看到自己的祖国受到列强的凌辱，看到一个个平凡的百姓受到敌人的摧残——"为什么我的眼里常含泪水，因为我对这土地，爱得深沉。"

知识链接

　　诺曼底登陆战役：诺曼底登陆战役是 20 世纪最大的登陆战役，也是战争史上最有影响的登陆战役之一。此次战役发生于 1944 年 6 月 6 日，是第二次世界大战中盟军在欧洲西线战场发起的一场大规模攻势，为期持续两个月之久。最终，盟军成功建立滩头堡，并在 8 月 25 日解放巴黎，战役结束。

我的未来不是梦

■ 桀骜不驯的麦克阿瑟

麦克阿瑟——这位戎马一生的五星上将用 4 个字形容他一点都不为过——桀骜不驯。

作为一名军人，而且是处于乱世的军人，是需要一些战功来为自己的墓志铭上书写辉煌的。对于参加过两次世界大战的麦克阿瑟来说，这一切足够使他名垂青史的了。尤其是二战，使麦克阿瑟的才华得以充分展示，他设计的"蛙跳战术"为美军乃至整个太平洋战局的胜利起了至关重要的作用。毫无疑问，他是个登陆战专家。日本战败后他成了日本实际的"独裁者"。在日本的 5 年，他充分发挥了政治上的才能。但朝鲜战争的到来，使得年已七旬的麦克阿瑟又不得不重新拿起帅印，奔赴前线。

朝鲜人民军的节节胜利使美军陷入苦战。1950 年 8 月，美军退到洛东江以东，建立"釜山防御圈"以进行抵抗。堂堂美军居然被北朝鲜人打的魂不守舍，士气低落，麦克阿瑟自然不能容忍。但他不找主观原因，只找客观原因。像"数量上的极为劣势"、"华盛顿的昏庸无能"，都成了他的理由。他把自己的高傲带到了对手下部队的看法中，他绝不认为美军不行，只是这里的环境不适合他们发挥。所以，他要想方设法用他最擅长的手段取得一次大胜，来平息国内的质疑和为军队树立信心。

事实上，朝鲜战争爆发的第四天麦克阿瑟就产生了在仁川进行登陆作战的想法。对于擅长登陆作战的他，这种想法在他心中越扎越深。随后他就制订了一个"蓝心计划"，就打算在仁川实施登陆。但 18 天的准备时间里

麦克阿瑟无法调集足够的军队进行登陆，他把牢骚发到了华盛顿方面。他觉得要不是华盛顿方面的鼠目寸光，退守釜山的第八集团军就不至于这么惨。

这只是一个方面，真正让华盛顿方面不解的是为什么麦克阿瑟要在仁川登陆。在华盛顿方面看来，仁川登陆是极其危险的。仁川港的战略位置极为重要，它位于朝鲜半岛中间东西最狭窄的腰部，距汉城仅40公里。如果美军能在此登陆展开部队，朝鲜人民军就会被拦腰截断，战局胜利将向美国一方倾斜。虽然这样做的利益是巨大的，但仁川在理论上是"世界上最不适合两栖登陆作战的港口"，在此登陆失败的概率也是很大的。对登陆部队来说，仁川的潮水平均涨落差达6.3米，是世界上涨落差最大的港口。而位于仁川港口的飞鱼峡崎岖狭窄，是布雷的天然场所，一旦有一艘船在此沉没，将会阻塞整条航道，对整支舰队造成阻碍。

麦克阿瑟不管这套，他坚信仁川登陆一定能取得成功。在他看来，朝鲜人民军的主力基本都在围攻第八集团军，对防御仁川没有充分准备。海军提出的关于潮汐、水文、地形等自然方面不利条件到了麦克阿瑟手里却成了"出奇制胜"的论据。此外，另一个被提及的登陆地点——群山也被麦克阿瑟否决了。虽然在群山登陆的危险小一些，但价值也小一些。在群山登陆不会对人民军的后勤补给线进行打击，起不到彻底包围人民军的效果，不会对全局造成影响。与其用这种间接且代价高昂的办法，不如直接派部队到釜山打消耗战。对于后者，麦克阿瑟认为这无疑是"让部队在屠宰场那样在那个血腥的环形防线里束手待毙"。由此看来，在仁川进行登陆成了唯一的办法。这样会直接夺取距其仅40公里的汉城。

麦克阿瑟的意志是极为坚定的。他十分相信海军的能力，甚至比海军自己更能信任他们，这种信任也是来源于二战期间海军的出色发挥。还有他十分信任他自己，二战时多次成功的登陆作战使得他对这次的行动依然信心十足。况且这次的对手换成了比日军战斗力低一级别的朝鲜人民军。面对华盛顿的种种质疑，他拍着胸脯说仁川之战一定会胜利，也让华盛顿暂时闭上了嘴。

可争论并没有结束，麦克阿瑟此时已经听不进任何人的不同意见。他

我的未来不是梦

一意孤行，坚持要华盛顿方面批准实行登陆计划。由于他的固执，参谋长联席会议批准了他的计划。

恰在此时，战局又有了变化。朝鲜人民军多次突破美军防线，有人预测美军快顶不住了。华盛顿方面致电麦克阿瑟要求改变作战计划，这让他大为光火。他立即给予回应，说华盛顿方面有人做出对大局不利的事，在跟他过不去。又说如果不按原计划进行登陆，美军就真的离失败不远了。在这样盛气凌人的压力下，华盛顿方面又一次妥协了。

至此，关于是否应该进行仁川登陆的讨论终于结束了，这一次麦克阿瑟的固执又占据了上风。这种固执伴随了他一生，无论是在西点军校还是在太平洋战场，他一意孤行而进行的赌博基本就没失手过。这一次，他又成功了。

9月14日，美军按照预定的计划实施了登陆，所有的高级军官都担心人民军会在仁川重兵守卫，只有麦克阿瑟谈笑风生。而且他还亲赴前线，要亲眼看到美军士兵踏上仁川的土地。当星条旗在滩头上升起来后，麦克阿瑟对身旁的参谋笑着说道："好啦，我们一起喝咖啡去吧。"他的从容不迫不仅让他身旁的军官松了一口气，也让整个美国为之振奋。这是麦克阿瑟在朝鲜最志得意满的时刻，仁川的胜利使得美军内部对麦克阿瑟一贯的正确的迷信达到了极致，连华盛顿也在怀疑当初对他的质疑是否应该。仁川登陆带来的影响直接改变了实力对比，第八集团军冲出了釜山的包围圈，随即向北杀去，朝鲜人民军腹背受敌几乎全军覆没。而当仁川战役结束后，麦克阿瑟的老部下哈尔西发来的贺电无疑使得麦克阿瑟更加的飘飘然："仁川登陆是有史以来最高明、最大胆的战略进攻。"

月盈则亏，水满则溢。已经不把任何人放在眼里的麦克阿瑟和他的"联合国军"的命运如何，历史自有评断。但不管怎么说，麦克阿瑟还是帮助美国把战争进行了下去，但是美军在后面的节节败退也与他的自大有关——终于，桀骜不驯使他品尝了苦果，在被杜鲁门解职后，他结束了52年的戎马生涯。即便抹去他的其他功绩，而仁川登陆也是他作为军事家在军事史上值得大书一笔的。

逐梦箴言

如果对自己的判断有十足的把握，那么就勇往直前地走下去吧！

知识链接

仁川,位于韩国西北部,是一座面向黄海的重要港湾都市,如今已经与首尔、釜山共同形成一个大的经济圈。

我的未来不是梦

■ 传奇的腓特烈二世

腓特烈二世，史称腓特烈大帝。是欧洲历史上最伟大的名将之一，在政治、经济、哲学、法律、甚至音乐等方面都颇有建树。腓特烈二世在 1740 年登基，年方 28 岁。

他登基不久，就出现了普鲁士扩张的良机——奥地利王位继承战争。1740 年，奥地利 1739 年方才结束对土耳其战争所产生的疲惫，刚好为普鲁士所利用。他为四分五裂，自然资源匮乏的普鲁士赢得了一块极具经济价值的西里西亚地区，同时为普鲁士赚得了一条易守难攻的边界线。

在这次战争中，腓特烈二世和陆军元帅什未林的库特·克里斯托弗伯爵为普鲁士赢得了西里西亚。在第二次西里西亚战争中他成功保卫了这一地区。这场战争，普鲁士没有全程参与，只打了一前一后两段，全都是为了吞并奥地利的西里西亚省，对于普鲁士来说，就称为第一次西里西亚战争和第二次西里西亚战争，所以这两场战争，实际都是奥地利王位继承战中的一部分。

同时，在这场战争中，腓特烈初次亲身领军，在几次战役中尽显了他的军事才华。尽管奥地利王位继承战到 1748 年才正式结束，腓特烈的普鲁士王国却是从 1745 年就退出战争，作壁上观。从此到 1756 年七年战争爆发，腓特烈赢得了 10 年的和平建设时期。

西里西亚是纺织工业中心，德意志最为富庶的省份之一，每年的税收

要占整个普鲁士的1/4。在这10年里,腓特烈不但整军经武,而且发展经济,为后来的七年战争作好准备。

1750年普鲁士的外交形势越来越严峻。首先腓特烈与英国交好,缔结《白厅条约》,保证英王在德意志的汉诺威领土不受侵犯,并以武力对付侵犯德意志领土完整的任何国家,这就大大触怒了与英国争夺海外殖民地的法国。而奥地利女大公玛丽娅·特蕾西娅,从来也没有忘记卧薪尝胆,她的首相柯尼茨亲王成功地联合俄国女沙皇伊丽莎白·彼得罗芙娜,和法王路易十五,渐渐给普鲁士的脖子套上外交绞索,积极准备收复西里西亚。腓特烈看到形势日益严重,决定与其坐等战争降临,不如先发制人攻击奥地利。七年战争由此展开。

在七年战争中他的部队打进了萨克森王国。之后普鲁士同时和3个邻邦大国作战,就是奥地利、法国和俄罗斯,这三国在奥地利外相柯尼茨的发起下组成了联盟。当时普鲁士和联盟的军队人数比为1:3,人口数之比更达1:20。经过7年大战,几次面临亡国边缘,腓特烈终于保住了西里西亚,他个人也获得军事史上不朽的英名,赢得了"大帝"的称号。普鲁士亦一跃成为欧洲五巨头(其余四国为奥地利,法国,英国和俄国)之一。

在伏尔泰和米拉保等人的见证下,他在那群雄争霸的年代创建了当时最现代化的国家。在他的倡导下,1772年波兰被第一次瓜分。当时奥地利和1764年新近与普鲁士结盟的俄罗斯处于武装冲突边缘。为了自身利益,腓特烈二世用波兰的土地云满足两国对土地的欲望。普鲁士武力兼并了所谓的波兰—普鲁士,即是西普鲁士。在腓特烈晚年,他曾发动过巴伐利亚王位继承战争,使得了奥地利皇帝约瑟夫二世的企图没有得到成功,就是以比利时去换取巴伐利亚的大部分。奥地利的这个计划导致了普鲁士组成君主联盟。即使忽略他作为政治家的作为和他对立法所做的贡献,单凭他在军事上的表现,就足以使他在历史上占一席位。在西方军事历史学家的著作中,腓特烈在历代名将中的地位,可能仅次于亚历山大、恺撒、汉尼拔、拿破仑这四大伟人。

奥地利王位继承战争中,腓特烈初次绽放光芒。索尔战役更是腓特烈

我的未来不是梦

第一次试图把经过自己思考和设计的斜线式战术付诸实施。战后腓特烈写出了他最重要的军事理论著作《战争原理》。这本书集中体现腓特烈对自己早期战争经验的总结和思考，不仅仅是行而上的战争理论，而且贴近实际，是当时最好的战争实践指南。

七年战争中，腓特烈大帝愈挫愈强，以惊人的毅力和顽强以普鲁士一个小国之力，独抗法、俄、奥三大强国。罗斯巴赫会战更是腓特烈斜线阵势完美的表演之一，今天被美国西点军校选作那个时代的经典战役，以大模型重现在它的军事博物馆陈列中。军事史家亦把此战与洛伊滕会战称许为腓特烈大帝军事艺术的巅峰之作，就像拿破仑的奥斯特里茨会战一样。仅凭这两场会战，腓特烈就完全奠定了其作为古今最伟大名将之一的地位，普鲁士的一个永远的军事神话从此诞生。后世拿破仑评价腓特烈大帝时说："越是在最危急的时候，就越显得他的伟大，这是我们对于他能说的最高的赞誉之词"。1785 年西里西亚一年一度的秋季大演习中，英国王弟弗雷德里克王子、美国独立战争中出名的康沃里斯将军、拉法叶特侯爵都来参观，并向腓特烈致敬。当时腓特烈指挥的普鲁士军队的操演方法，成为全欧洲军界竞相模仿的样板。

在战术层面，腓特烈可以说是近代欧洲第一战术家，比拿破仑毫不逊色。尤其是在战役层面上，当时欧洲在战略和战术之间，没有战役学这个分科，而腓特烈就是大战术的创始人，德国人口中的"大战术"，就是现代军事科学中的战役学。欧洲军事学从古斯塔夫开始走入近代化，经过杜伦尼、马尔巴勒、欧根、萨克斯等历代名将的探索与尝试，到腓特烈手中，不仅从实践上，而且从理论上给以总结。他所确立的作战原则，例如"保护你的侧翼和后方、迂回敌人的侧翼和后方"，"我们注意力的目标，应该是敌人的军队"等等，直接指导了拿破仑。可以说在战役指挥上，腓特烈是拿破仑的启蒙老师。

逐梦箴言

如果周围的环境太过复杂混乱,不妨先从中抽身,冷眼旁观,独善其身,待积蓄了足够的力量,再卷土重来。

知识链接

弗里德里希二世(1712—1786),普鲁士国王,史称"腓特烈大帝"。其统治时期普鲁士军力大规模发展,领土大举扩张,文化艺术得到赞助和支持,"德意志启蒙运动"得以开展。弗里德里希二世是欧洲历史上最伟大的名将之一,也是欧洲"开明专制"君主的代表人物,并且是启蒙运动时期的文化名人,在政治、经济、哲学、法律、甚至音乐诸多方面都颇有建树。

我的未来不是梦

■ 独一无二的拿破仑

拿破仑·波拿巴 1769 年出生在科西嘉岛的阿雅克肖城,他的家族是一个意大利贵族世家,9 岁时就到法国布里埃纳军校接受教育。1784 年以优异成绩毕业后,被选送到巴黎军官学校,专攻炮兵学。16 岁时父亲去世,他中途辍学并被授予炮兵少尉军衔。

1789 年法国大革命爆发后,拿破仑回到科西嘉,希望推动科西嘉独立。当时法国政局动荡,形势风云变幻。1791 年,国王路易十六勾结外国反动势力,结果阴谋败露,王权被废除了。

1792 年,代表大工商业资产阶级的吉伦特派上台执政,9 月 22 日,法兰西王国改成法兰西共和国,1793 年初路易十六被处死,英国等组成第一次反法同盟,法国革命面临严重的危机。

1793 年 6 月,以罗伯斯庇尔为首的代表中小资产阶级的民主派雅各宾派掌握了政权,法国大革命达到了高潮。7 月,已经是少校的拿破仑带兵攻下了保王党的堡垒土伦,因此受到雅各宾派的赏识,被破格升为准将,是欧洲军事史上的首次破例。1794 年热月政变中拿破仑由于和罗伯斯庇尔兄弟关系亲密而受到调查,后因拒绝到意大利军团的步兵部队服役而被免去准将军衔。1795 年他受巴黎督政官巴拉斯之托成功平定保王党武装叛乱,也就是著名的镇压保王党战役。拿破仑一夜之间荣升为陆军中将兼巴黎卫戍司令,开始在军界和政界崭露头角。

拿破仑是一名出色的军事家,对当时的军事知识深有研究,善于将各

种军事策略运用于实战之中,尤其是主张将火炮集中使用,以及充分发挥骑兵的机动作用。

1796年3月2日,26岁的拿破仑被任命为法兰西共和国意大利方面军总司令。在意大利,拿破仑统帅的军队多次击退了奥地利帝国的维尔姆泽将军与萨丁组成的第一次反法同盟联军,最后迫使对方签署了有利于法兰西共和国的停战条约,这是拿破仑军事史的杰作。

取得意大利之役的胜利后,拿破仑的威信越来越高,他成为法兰西共和国人民的新英雄。而他的崛起令督政府感受到威胁,因此任命他为法兰西共和国阿拉伯埃及共和国军(东方军)司令,派往东方以抑制英国在该地区势力的扩张。

然而1798年远征埃及本身是一个大失败,虽然拿破仑指挥法军在陆地上取得第一执政全盘胜利。拿破仑的舰队被英国的海军中将纳尔逊完全摧毁,部队被困在埃及。1799年回国时,400艘军舰只剩下2艘小舰,原本侵略印度的计划受阻,人员损失惨重。

此时欧洲反法联盟逐渐形成,而法兰西共和国国内保王党势力则渐渐上升。1799年8月,拿破仑最终决定赶回巴黎。1799年10月,回到法国的拿破仑被当作"救星"来欢迎。11月9日,拿破仑发动了雾月政变并获得成功,成为法兰西共和国第一执政,实际为独裁者。之后拿破仑进行了多项政治、教育、司法、行政、立法、经济方面的重大改革,其中最著名并且直到今天依然有重要影响的《拿破仑法典》,法典在1804年正式实施,即使是在一个多世纪后依然是法兰西共和国的现行法律。法典对德国、西班牙、瑞士等国的立法起到重要影响。在政变结束后三周拿破仑向人民发布的公告中,他自豪地宣称:"公民们,大革命已经回到它当初藉以发端的原则。大革命已经结束。"另外,拿破仑还确定了保留至今的国民教育制度,以及法国荣誉军团制度。1802年8月,拿破仑修改共和宪法,把执政8年改为终身执政。

从1803年开始,拿破仑就开始构思通过法国海军穿越英吉利海峡以图侵略英国,从此他的战争,开始逐步从正义的自卫战争转变成为大资产

阶级谋夺利益的非正义的侵略战争。

1805年8月，奥地利、英国、俄国组成了第三次反法同盟，拿破仑于是在9月24日离开巴黎，亲自挥军东进，到10月12日法军已经占领了慕尼黑。10月17日法兰西第一帝国和奥地利帝国在乌尔姆激战后，反法同盟投降。之后法兰西第一帝国又在12月2日，即拿破仑加冕一周年纪念日中以7万人的弱势兵力打败了9万俄奥联军的强势兵力，取得了奥斯特里茨战役的胜利，反法同盟再度瓦解，并且迫使奥地利帝国取消了神圣罗马帝国的称号。拿破仑随后联合了德国境内各诸侯国组成"莱茵邦联"，把它置于自己的保护之下。

次年秋天，大不列颠及北爱尔兰联合王国、俄国、普鲁士组成了第四次反法同盟，10月14日，拿破仑率军攻打普鲁士军队，在耶拿战役中他集中了9万人的兵力对普军发动进攻，但是，这根本就不是普军的主力。在奥尔斯泰特，法国的达武元帅的2万法军遭遇了普鲁士国王亲自统率的5万人的主力，达武元帅奋力指挥这2万人马击溃了普鲁士军队，普军几乎全军覆没，普王和王后仓皇逃命。拿破仑因此取得了德国大部分地区。1807年6月法军又在波兰艾劳会战和弗里德兰战役大败俄国军队，拿破仑与俄国沙皇亚历山大一世会面，双方签订了和平条约，自此，法兰西第一帝国在欧洲大陆的霸主地位得到了确立。

1809年初第五次反法同盟组成。奥地利帝国在背后偷袭法国在德国的领土，拿破仑被迫退出西班牙，率军东征。法军在4月19—23日五战五捷，于5月13日占领维也纳，拿破仑与卡尔大公指挥自己的军队在阿斯珀恩—埃斯灵会战中交锋，法军大败，拉纳元帅阵亡，法军被迫撤回至洛鲍岛，死伤和被俘3万余人，奥军伤亡2万余人。这是拿破仑亲自统兵以来打的第一次败仗，但是拿破仑凭着他那钢铁般的意志转败为胜，在7月5—6日的瓦格拉姆战役中法军夺取了决定性的胜利，迫使奥地利签订维也纳和约，再次割让土地。

次年，拿破仑娶奥地利公主玛丽·路易丝为妻，法奥结成同盟，法兰西第一帝国达到全盛。拿破仑成为欧洲不可一世的霸主，成为与恺撒大帝、亚历山大大帝齐名的拿破仑大帝。拿破仑持续不断的对外战争，扫荡了欧洲封建势力，代表和捍卫法国大革命的成果和资产阶级的利益，将法国资产阶级革命的成果不同程度地传播到法军所到之处。

逐梦箴言

　　有理想，并将理想与时代的脉搏、众人的向往联系起来的人，终有作为。

知识链接

　　拿破仑·波拿巴(1769—1821)，出生于法国科西嘉岛，法国著名军事家与政治家，法兰西第一共和国第一执政，法兰西第一帝国及百日王朝的皇帝。其一生的军事行动向整个欧洲输出了法国大革命的成果和理念，促成了近代化的进程和民族国家的崛起。

我的未来不是梦

金戈铁马任驰骋

以正合,以奇胜。

——《孙子》

故善战人之势,如转圆石于千仞之山者,势也。

——《孙子》

敌进我退,敌驻我扰,敌疲我打,敌退我追。

——毛泽东

军事计谋是一种极为普通的创造形式,它每次都要求新的和不寻常的东西。

——[苏]拉先科

随机应变的智能,是解决生活上困难的武器,要比书本上的知识有价值得多。

——[美]戴尔·卡耐基

第五章

智者千虑,谨慎稳妥

我的未来不是梦

◇导读◇

　　运筹帷幄,决胜千里之外,是对古今中外那些赫赫有名伟大军事家的一个生动写照。军事家就是具有对军事活动实施正确指引或是擅长具体负责军事行动的实施的人。一般能被称为军事家者多为军队最高统帅或高级将领。笼统地概括,战略家、战术家和军事理论家都可称为军事家。一说到说到军事家,我们立即就会想到那些耳熟能详的名字:蒙哥马利、韩信、彭德怀、武则天、康熙等等,他们善于把握大势,准确洞察先机,周密部署,果断决策,取得了一个又一个辉煌的胜利。

■ 小心谨慎最终取得胜利

一提起诺曼底登陆大家就会想起欧洲盟军抗击德国法西斯的那场扭转战局的伟大胜利,但是却很少有人知道这场战役是谁指挥的,他就是英国杰出的军事家、战略家,英国陆军元帅,第二次世界大战中盟军杰出的指挥官之一,指挥了著名的阿拉曼战役、诺曼底登陆两大杰作的著名军事家伯纳德·劳·蒙哥马利!

蒙哥马利始终是一位谨慎、决断的军事家和战略家。他坚持在每次出击以前,在人力、物力上做好充分准备,虽然对于战争来讲,延缓了进程,但却稳妥可靠,最终取得了决定性的胜利。

蒙哥马利将军的父亲34岁时,娶了16岁的正值妙龄的母亲,事实上,母亲结婚时还是一个少女。这是一个典型的"老夫少妻"型家庭,丈夫对妻子宠爱有加,久而久之,让年轻的妻子养成了任性骄纵的习惯,动辄发脾气。而且,她还有洁癖,十分讨厌肮脏和不整洁。而小时候的蒙哥马利十分顽劣,上树掏鸟窝,下河摸泥鳅,除了惹是生非给父亲添麻烦外还整天把自己弄得跟泥猴似的,让母亲对他十分头疼。母亲还年轻,没有足够的耐心忍受他一次次地把自己整理好的东西弄得乱七八糟。更何况,他还只是父母4个孩子中的一个,因此,母亲越来越不喜欢他。一次,父亲送给母亲一个漂亮的金鱼缸,母亲非常喜欢,也非常珍惜,不让孩子们靠近。这更激起了他的好奇心,于是,他偷偷地接近了鱼缸……结果,不小心他把鱼缸打破了,母亲给他下了个结论:"伯纳德,除了当炮灰,你将来什么也做不成,

我的未来不是梦

做不来。"年轻的母亲当时也许并没有意识到这句话给他带来了多大了伤害,然而,他当即震惊了。他不敢相信,自己的母亲会这样诅咒他。性格开朗顽劣的他由此性情大变,开始变得小心翼翼。他开始每天观察母亲的眼神,看她今天的脾气是好是坏,因此决定他今天做什么事。一般说来,男孩都是粗心大意的,然而,他却能从母亲哪怕一个不经意的动作感觉到她的情绪,然后再针对她的情绪做事情,做她想做的事情。在这样的家庭环境下,他意外地培养了自己的观察力和意志力。因此当他很小的时候,就认为世界上连母亲都不可以依赖,其他人就更不能依靠了。所以他习惯在他人的非议中做他要做的事,而且一旦做,就无怨无悔。

在阿拉曼战役中,蒙哥马利率领第八集团军彻底击败了号称"沙漠之狐"的德国名将隆美尔所指挥的非洲军团,赢得了北非作战的决定性胜利。此次战役中,蒙哥马利亲自导演了一出"沙漠战中迄今为止最为精彩"的欺骗敌人的活剧。他的骗敌计划代号为"伯特伦"。首先是伪造了一个前沿地区的巨大的弹药库和其他作战物资堆积所。其次是用假车辆扮演坦克和其他车辆的运动,使敌人对大量部队在作战阵地上集结逐渐习以为常。但在夜间则用突击师的真作战车辆把已经"在位"的假作战车辆替换下来,并用被称为"遮阳板"或"吃人者"的专门伪装物把战斗岗位上的火炮和坦克掩蔽起来。早在总攻前一个月就为参加突击的步兵挖好了细长的战壕,供他们昼间躺卧用,而且这些战壕都伪装得好像是地形的一部分。同时,为了表明主要突击可能来自南面,还在那里敷设了假的水泵站、供水点和蓄水池,施工的日进度表明水管到 11 月初才能竣工。此外,还抽调通信分队来模拟将在南面发动主攻的无线电通信,以及为新的道路作了路标。为了把伪装搞得天衣无缝,只向下层军官传达将要发生什么事,而且是按军衔高低分批传达的。在临近进攻发起日的最后一天,传达到了普通士兵,并且停止了一切休假和进城活动。这些措施使狡猾的隆美尔也大上其当,对保证战役的胜利起了重要作用。

1944 年 6 月,盟军于诺曼底登陆后,蒙哥马利把敌军的主力吸引到自己方面来,以牺牲自己的荣誉,保证了美军的顺利突破和向纵深进攻,而英

军却由于敌军主力的顽强抵抗,付出了较大的代价,进展缓慢,甚至有些部队不得不转入防御。为此,美国各界报纸宣扬是美军打败了德军,英军无能等。英国也呼吁蒙哥马利改变战略打击德军,挽回英国人的面子。在强烈的舆论压力下,丘吉尔也沉不住气了,询问蒙哥马利原因。所有这些,蒙哥马利都毫不介意,照常按照盟军的计划行动,确保了诺曼底战役的胜利。在这里,蒙哥马利放弃了唾手可得的胜利,却承担了极为沉重的责任,他深知这一切都不是为了个人的荣誉,而是为了整个反法西斯战争的胜利。

　　1958 年 9 月,退役后的蒙哥马利在反省他的军事生涯时发现,用战争消灭战争以取得和平的想法是一种幻想。他苦苦思索,希望找到一种结束纷乱状况并使世界各国和睦相处的方法。蒙哥马利于是把目光投向东方,并大胆预测,未来世界和平的关键可能在中国,因此他想到中国去看一看。1960 年 5 月 24 日,蒙哥马利访华。5 月 27 日晚上,毛泽东主席在上海会见了蒙哥马利。1961 年 9 月蒙哥马利第二次访华。这一次中国外交部做了周密安排:9 月 9 日至 20 日访问包头、太原、延安、西安、三门峡、洛阳、郑州、武汉,回北京后由周总理跟他谈,届时再同毛泽东见面。周恩来还特意把熊向晖找去,要他以外交部办公厅副主任的名义参加接待小组,陪蒙哥马利去外地。周总理说:要放手让蒙哥马利看,旧中国遗留下的贫穷落后和新中国取得的成就都是客观存在的,让他自己看后去做结论,从本质上了解中国。

　　蒙哥马利在回忆录中写道,"我可以说我的童年是不幸的,这种不幸完全来自我的母亲,在她眼里,我不过就是个炮灰。可是,我的母亲只说对了一半,但是我没有成灰,如果没有童年吝啬的母爱所带来世人对我的嘲笑、蔑视的刺激,形成了我坚韧不拔的意志和天赋的智慧,我不会成为后来的蒙哥马利。"

逐梦箴言

向上的心态,会将嘲讽变成动力;自怨自艾,安慰也会成
为苦酒。

知识链接

诺曼底战役:第二次世界大战中西方同盟国军队在欧洲
西线战场发起的一场大规模攻势,是代号霸王行动的一部分。
这场战役在 1944 年 6 月 6 日展开,是目前为止世界上最大规
模的海上登陆作战,近 300 万士兵渡过英吉利海峡前往诺曼底。

智者千虑，必有一失

　　韩信是中国军事思想"谋战"派代表人物，被后人奉为"兵仙""战神"。"王侯将相"韩信一人全任。"国士无双""功高无二，略不世出"是楚汉之时人们对他的评价。

　　陈胜、吴广起义后，项梁也渡过淮河北上，韩信此时带着宝剑投奔了项梁，留在部队，默默无闻。项梁败死后，韩信又归属项羽，项羽让他做郎中。韩信多次给项羽献计，项羽不予采纳。刘邦入蜀后，韩信离楚归汉，做管理仓库的小官，依然不被人所知。后来韩信坐法当斩，同案的 13 人都已处斩，就要轮到韩信了，韩信举目仰视，看到了滕公夏侯婴，说："上不欲就天下乎？何为斩壮士！"夏侯婴觉得此人话语不同凡响，看他相貌威武，就放了他，同他交谈，很欣赏他，于是进言汉王。汉王让封韩信一个管理粮饷的官职，没有发现他与众不同的地方。

　　韩信多次同萧何交谈，萧何也十分赏识他。刘邦被项羽封为汉王，实为排挤到汉中，从长安到达南郑，就有数十位将领逃跑。韩信估计萧何等人多次在刘邦面前举荐过自己而汉王不用，也逃走了。萧何听说韩信逃走，来不及向刘邦报告便去追赶韩信。军中有人向汉王报告"丞相何亡。"刘邦大怒，如失左右手。过了一两天，萧何前来进见，刘邦且怒且喜，骂到萧何为何逃跑，萧何说他不敢逃跑，他只是去追逃亡的韩信。刘邦又骂到"诸将亡者以十数，公无所追；追信，诈也。"萧何说："诸将易得耳。至如信者，国士无双。王必欲长王汉中，无所事信；必欲争天下，非信无所与计事

者。顾王策安所决耳。"刘邦表示自己也想向东发展，绝非甘居汉中，定要取天下。萧何说："王计必欲东，能用信，信即留；不能用，信终亡耳。"刘邦看在萧何的情面上同意让韩信为将，但萧何坚持要再加以重用，刘邦表示可以让他作为大将。于是刘邦想把韩信召来任命他。萧何说："王素慢无礼，今拜大将如呼小儿耳，此乃信所以去也。王必欲拜之，择良日，斋戒，设坛场，具礼，乃可耳。"刘邦同意了萧何的要求。诸将听说后，都很高兴，人人觉得有机会被选拜大将了。等到拜大将时，竟是韩信，全军皆感惊讶。

韩信拜将后，刘邦问韩信有何定国安邦的良策。韩信问："同您东向而争天下的不是项羽吗？那大王自己估计一下，论兵力的英勇、强悍、精良，同项羽比谁高谁下？"刘邦沉默良久，认为不如项王。韩信再拜，赞同地说："不仅大王，就连我也觉得您不如项王。可是我曾经事奉过项王，请让我谈谈项王的为人。项王一声怒喝，千人会吓得胆战腿软，可是他不能放手任用贤将，这只算匹夫之勇。项王待人恭敬慈爱，语言温和，人有疾病，同情落泪，把自己的饮食分给他们。可是等到部下有功应当封爵时，他把官印的棱角都磨光滑了也舍不得给人家，这是妇人之仁。项王虽然独霸天下而使诸侯称臣，可是却不居关中而都彭城，又违背义帝的约定，把自己的亲信和偏爱的人封为王，诸侯对此忿忿不平。诸侯见项王驱逐义帝于江南，也都回去驱逐他们原来的君王而自立为王了。凡是项羽军队经过的地方，无不遭蹂躏残害，所以天下人怨恨他，百姓只是在他的淫威下勉强屈服。名义上虽为天下的领袖，实质上已失去民心，所以他的强大会很快变衰弱的！现在大王如能反其道而行之，任用天下武勇之人，何愁敌人不被诛灭！把天下的土地分封给功臣，何愁他们不臣服！率领英勇的一心想打回老家去的士兵，何愁敌人不被打散！况且三秦的封王章邯、董翳、司马欣本为秦将，率领秦国弟子已有数年，战死和逃亡的人不计其数，又欺骗他们的部下和将领投降了项羽，至新安，项羽用欺诈的手段坑杀秦降卒20余万人，唯独章邯、董翳、司马欣得脱，秦人对这三人恨之入骨。现在项羽以武力强封这三人为王，秦国百姓都不拥戴他们。您入武关时，秋毫不犯，废除秦苛酷刑法，与秦民约法三章，秦国百姓无不想拥戴你在关中为王。根据当初诸

侯的约定,大王理当在关中称王,关中的百姓都知晓。可大王失掉应有的封爵而被安排在汉中做王,秦地百姓无不怨恨项王。现在大王起兵向东,攻三秦的属地,只要号令一声即可收服。

刘邦听后大喜,自以为得信恨晚。对韩信言听计从,部署诸将准备出击。韩信的这番议论,实际上为刘邦制定了东征以夺天下的方略。

兵"多多益善",作为战术家韩信为后世留下了大量的战术典故:明修栈道暗度陈仓、临晋设疑、夏阳偷渡、木罂渡军、背水一战、拔帜易帜、传檄而定、沉沙决水、半渡而击、四面楚歌、十面埋伏等。其用兵之道,为历代兵家所推崇。

作为军事家,韩信是继孙武、白起之后,最为卓越的将领,其最大的特点就是灵活用兵,是中国战争史上最善于灵活用兵的将领,其指挥的井陉之战、潍水之战都是战争史上的杰作。

作为战略家,他在拜将时的言论,成为楚汉战争胜利的根本方略;作为统帅,他一人之下,万人之上,协助汉王刘邦率军出陈仓、定三秦,京、索之间战败楚军,随后分兵北伐,擒魏、破代、灭赵、降燕、伐齐,直至垓下全歼楚军,无一败绩,天下莫敢与之相争。

韩信作为杰出的军事家是战无不胜的,作为政治家却是极为失败的。他帮助刘邦打下大片江山后,觉得劳苦功高,就在帮刘邦全面压倒死敌项羽的关键时刻,向刘邦提出了封"齐王"的要求。"封王"可不是闹着玩的,刘邦最忌讳的就是这个,但苦于局势,只得勉强答应,这为日后韩信悲惨的结局埋下伏笔。

"狡兔死,走狗烹;飞鸟尽,良弓藏;敌国破,谋臣亡。天下已定,我固当烹!"这是韩信被吕后斩杀时说的最后一句话。

逐梦箴言

在某方面有出色的能力，只是获得成功的一个因素。一个人要成功，需要对自己有整体的把握和掌控，掌控自己的情绪、意志、贪婪和野心。

知识链接

韩信(？—前196)，军事家，被萧何请出辅佐刘邦的西汉开国名将，汉初三杰之一，为汉朝立下汗马功劳，历任齐王、楚王、淮阴侯等，却也因其军事才能引起猜忌。最后被控谋反，被吕雉及萧何骗入宫内处死。所谓"成也萧何，败也萧何"。

谁敢横刀立马

山高路远坑深，大军纵横驰奔。谁敢横刀立马？惟我彭大将军！

——毛泽东

彭德怀，中国人民解放军创建人和领导者，军事家，共和国元帅。抗日战争时期担任八路军副总司令，指挥了著名的"百团大战"，给日本侵略者以沉重的打击。抗美援朝期间担任志愿军总司令，先后发动了抗美援朝五次战役，彻底粉碎了以美国为首的联合国军的梦想，实现了抗美援朝，保家卫国的战略目标。

彭德怀出生于湖南湘潭县一户穷苦农民家庭。少年时期只读过两年书，10岁就靠给人放牛维持生计，饱尝了富人的凌辱和压榨。他还当过挖煤工人和修堤的苦力。彭德怀生性刚强正直。从小就对剥削阶级的压迫剥削充满仇恨。1916年3月，他投到湘军当了一名二等兵，由于作战勇敢几年后升为连长。与黄公略等青年秘密组织了"救贫会"，因秘密处死恶霸区盛钦遭通缉而逃离部队。1922年8月，彭德怀考入湖南陆军军官讲武堂学习。次年毕业，在湘军中任连长、营长，参加了北伐战争，1928年初彭德怀升任团长，同年加入中国共产党。

1928年7月22日，在彭德怀的军事生涯中发生了根本的转折，与滕代远一起率领他的第一团发动平江起义，建立起工农红军第五军，任军长兼第十三师师长。同年11月率部向井冈山进军。从此开始了建立和扩大

我的未来不是梦

革命根据地的军事斗争。到 1930 年春,率部把湘赣边区根据地扩大到 10 个县城的范围。同年 7 月率部进攻长沙,3 天打了 4 仗,追击敌人百余里,顺利攻占长沙城。筹款数十万元,缴获枪械 4 000 余支,解放被关押的共产党员和进步人士数千人,招收红军战士 7 000 余人。这是红军建立初期的一次辉煌胜利。

1940 年夏,日本利用德国在欧洲推进,英、美无暇东顾的机会,加紧对国民党施行军事压力和政治诱降,于 5 月间发动枣宜战役,连续轰炸重庆,声称要进攻西安、重庆、昆明,迫使英、法封锁滇越路和滇缅路;还通过各种渠道和国民党蒋介石集团的代表进行接触,商谈"和平"条件。同时,加强对华北敌后抗日根据地的"肃正"讨伐,推行"囚笼政策",使敌后抗日根据地受到严重威胁。这时国民党政府更加动摇。1940 年 3 月和 6 月,蒋介石的代表先后去香港、澳门与日本代表会谈;由于日本要求条件苛刻,未达成协议。

为了打破日伪军对敌后抗日根据地的封锁和"扫荡",争取华北乃至中国全面战局的好转,克服国民党的投降危险,时任八路军副总司令的彭德怀敏锐地抓住了集中于华北地区 30 余万日军、"满洲国"军队的分布点不断增加,力量分散的有利战机,决定集中优势兵力发动大规模的破击作战。

八路军总部原来规定,参战兵力不少于 22 个团。但战役发起后,由于八路军广大指战员和抗日根据地民众痛恨日军的"囚笼政策",参加破击战的积极性非常高,因此各部投入了大量兵力,计晋察冀军区 39 个团、第 129 师(含决死队第 1、第 3 纵队等)46 个团、第 120 师(含决死队第 2、第 4 纵队等)20 个团,共 105 个团 20 余万人,还有许多地方游击队和民兵参加作战。当彭德怀、左权在八路军总部作战室听取战役情况汇报、得知实际参战兵力达到 105 个团时,左权兴奋地说:"好! 这是百团大战。"彭德怀说:"不管一百多少个团,干脆就把这次战役叫做百团大战好了!"由此,正太战役就发展成为百团大战。

百团大战历时 5 个多月，八路军共进行大小战斗 1 824 次，共计毙、伤、俘和投诚日伪军达 46 480 人。其中包括：毙、伤日军 20 645 人，伪军 5 155 人；俘虏日军 281 人，伪军 18 407 人；同时，缴获各种枪 5 942 支(挺)，各种炮 53 门；破坏铁路 474 公里，公路 1 502 公里，桥梁 213 座，火车站 37 个，隧道 11 个；破坏煤矿 5 个，仓库 11 所。此外，还缴获和破坏了其他大量军用物资，给日伪军以沉重打击，鼓舞了中国军民抗战的斗志，增强了必胜的信心，在战略上有力地支持了国民党军队正面作战。

朝鲜战争爆发后，美国侵略朝鲜并出兵轰炸我东北地区，国家面临着再次遭受侵略的威胁。朝鲜民主主义人民共和国首相金日成向毛泽东紧急求援。在是否出兵朝鲜的问题上，彭德怀坚决支持毛泽东的出兵主张。中央原定派林彪率兵入朝，但林彪称病推辞。中央只好改派彭德怀任志愿军司令员兼政委。彭德怀于 1950 年 10 月 19 日晚命令志愿军渡江，10 月 25 日，抗美援朝战争正式打响。

志愿军入朝第六天，彭德怀抓住敌人气焰嚣张，无所顾忌和我军已在兵力上占据优势的情况，精心部署，随即发动了第一战役，运用迂回包围战术，将敌人的数团、数营分割开来，然后各个歼灭之。经过 13 个昼夜的激战，取得了第一战役的胜利，歼敌 1.5 万人，扼制住了美军的攻势，解救了朝鲜民主共和国的危难，使志愿军在朝鲜战场上站住了脚。麦克阿瑟不甘心于失败，于 11 月 7 日组织反扑。彭德怀下令主动后撤 30 公里，示敌以弱，以少量兵力边打边退，故意骄敌。待美军进入我军设计的圈套之后，彭德怀下令，滞后部队断敌退路，两翼部队分割包围敌人。志愿军把敌人的几个师压入一个狭小的区域，集中火力猛打，敌人立即溃不成军，争相逃命。美军及伪军一口气退回去 200 公里。我志愿军一举歼敌 3 600 多人。乘胜追击，收复了朝鲜首都平壤，初步扭转了战局，这即是入朝后的第二战役。

1950 年 12 月 31 日，我志愿军冒雪发动了入朝后的第三战役，激战 8

我的未来不是梦

天，取得了战役的胜利，歼敌 19 000 余人，志愿军越过"三八"线，攻占了汉城。志愿军在彭德怀的指挥下，再接再厉，于 1954 年 1 月 27 日，经过 85 天的奋战，取得了歼敌 78 000 人的重大胜利。骄横的侵略军总司令麦克阿瑟在国内一片反对声中被撤了职。

1951 年 4 月 22 日，彭德怀组织发起了第五战役，到 6 月 10 日战役结束时，共歼敌 82 000 余人，迫使美军提出谈判要求。随后又指挥中朝联军粉粹了敌人的"夏季攻势"和"秋季攻势"，共歼敌 15 万多人。最终迫使美国侵略者在停战协定书上签字。

抗美援朝战争的胜利，不仅帮助朝鲜民主主义人民共和国转危为安，还保卫了我国的安全，保卫了新生的社会主义政权。战争胜利之后，就连斯大林也称赞彭德怀是"当代军事家"。

逐梦箴言

在众人都退缩的时候，仅仅是横刀立马的姿态，便足以脱颖而出。更何况拥有一骑当千的才能呢。

知识链接

百团大战是中国人民抗日战争中由中国共产党所领导的八路军在 1940 年 8 月至 10 月间发动的以破坏华北日军占领的交通线、矿山为目的的大规模破袭作战。

雄才大略奠定千古帝业

　　北魏第三任皇帝太武帝拓跋焘是北魏明元帝拓跋嗣的长子,出生于平城。422 年被立为太子,423 年,登基为帝,改元始光。拓跋焘自小就展现出过人的军事天赋,12 岁时就远赴河套抗击柔然,迫使柔然不敢入侵。继位以后,重用汉族大臣崔浩等,整顿吏治,励精图治。拓跋焘善于使用骑兵,亲率大军先后攻灭胡夏、北燕、北凉,伐柔然、讨山胡,降鄯善,逐吐谷浑,取南朝刘宋的虎牢、滑台等地,统一了中国北方。在历次战争中,他常亲自率军出征,决策果断,部署周密,讲究战法,指挥灵活。或分道并进,轻骑奔袭,或诱敌出城,设伏围歼,多次获胜。他治军严格,赏不遗贱,罚不避贵。在生活中,他朴素节俭,威武豪迈,刚毅自律,直爽坦率,从谏如流。

　　北魏建立之初,柔然就是最大的敌人。拓跋焘 12 岁便远赴河套抗击柔然的入侵,把边塞军务整顿得有声有色。424 年,拓跋焘即位后不久,柔然可汗率 6 万骑兵进犯云中,拓跋焘率军赴击,被柔然军包围达 50 重,拓跋焘声色刚毅威严,不为所动,这才稳定了军心。后北魏军射杀柔然大将於陟斤,柔然乃退。425 年,拓跋焘整顿兵马,突袭柔然,大破柔然军队主力。从此,拉开了北魏对柔然的战略大反攻的序幕。429 年,拓跋焘分兵两路,取道黑山和大娥山,大举攻打柔然。拓跋焘亲自率领轻骑军长途奔袭,出奇制胜,很快就抵达栗水,俘虏敌军甚众。从光始元年(424)至太平真君十年(449)25 年间,拓跋焘 13 次率军进攻柔然,击溃高句丽等柔然附属部落,扩地千余里,后设六镇抵御柔然入侵。终于使柔然"怖成北窜,

不敢复南""边疆息警矣"。从此之后，柔然一蹶不振。这是继汉武帝重创匈奴之后，中原王朝对北方游牧民族的又一次重大胜利。425年，胡夏的立国者赫连勃勃病死，赫连昌继位。426年，拓跋焘亲率大军攻打胡夏。427年，魏军攻胡夏首都——统万城时，拓跋焘将主力埋伏在山谷中，以少量骑兵直抵城下，故意示弱，诱固守之夏军脱离坚城，当夏军出城追逐时，又采纳崔浩分兵潜出袭其后之计，大获全胜，俘虏赫连昌，赫连定即位胡夏皇帝。430年，拓跋焘再攻胡夏，夺取安定、平凉、长安、临晋、武功等地，尽得关中之地。胡夏名存实亡。

从431年到439年的9年中，拓跋焘先后将胡夏、北燕、北凉这3个小国消灭，并于443年进攻汉中，攻灭杨氏建立的后仇池国，结束了十六国纷争的混乱局面，将柔然、吐谷浑以外的北方诸胡统一于北魏大旗之下。

拓跋焘特别重视军队建设。蒙古大草原的游牧射猎生活，锻炼了鲜卑人健壮的体魄，剽悍的性格和高超的骑射技艺。军队，特别是骑兵，是北魏克敌制胜的重要力量。

拓跋焘为了提高军队的战斗力，屡下诏令，申明纪律。他对战争中"尽忠竭节""蹈锋履难"的将士，或升官晋爵，或赏赐人口、牲畜及金银、古玩、缯帛等物质；对违犯军纪者，则给予严惩，虽亲贵重臣，也不宽贷。如鲜卑贵族丘堆，明元帝时以军功封侯，拓跋焘时封公。神䴥元年（428），他与司空奚厅奉命率军出击夏国王之弟赫连定时，当他听到奚厅兵败被俘消息，竟弃兵而走。拓跋焘下令将临危脱逃的丘堆斩首。太平真君五年（444），中山王辰、内都座大官薛辨、尚书奚眷等8将，"坐击柔然后期，斩于都南"。尚书令刘洁，因矫诏改易讨伐柔然诸将的会期，致"柔然远遁，追之不及"，加之犯受贿等罪，拓跋焘下令"夷其三族"。太平真君八年（447），扶风公元处真等8将，在镇压吴盖起义的战争中，"盗没军资，所在掳掠，赃各千万，并斩之"。拓跋焘很好地使用了其掌握的赏罚之权，整肃了军纪。另外，拓跋焘本人，在战斗中身先士卒，冲锋陷阵的英勇精神，对激励将士奋勇杀敌，保证战斗胜利也起了积极作用。如始光四年（427），拓跋焘亲率3万轻骑，突击夏国都城统万。他与将士一道，顶着风沙，强忍饥渴，和夏军恶战

于统万城外。他曾因马蹶而坠地,上马后仍继续战斗,速杀夏将十余人。后又"身中流矢",但他仍然"奋击不辍"。由于拓跋焘领导的军队纪律严明,在战斗中又能身先士卒,"是以人思效命,所向无前"。

南朝刘宋经过元嘉之治后,国力昌盛,刘义隆幻想"封狼居胥",于是在450年秋,不顾群臣反对,再次下诏北伐,拓跋焘亲率大军抵抗。刘宋前期战略失误,丧失主动权。北魏军在拓跋焘的指挥下,攻占东平、邹城,后来,北魏军兵分四路南下,攻克下邳、彭城、盱眙、悬瓠等地,拓跋焘率军抵达瓜步山,饮马长江,与刘宋首都建康隔江相望,使得南朝大为震动,使之后南朝再不敢北伐北魏。

逐梦箴言

身居高位者,当从善如流,平心待下,方稳如泰山。须知高处即是危处。

知识链接

北魏太武帝拓跋焘(408—452),15岁即位,整顿吏治,励精图治,使北魏国力达到鼎盛。之后进一步拓展疆土,先后消灭夏国、北燕、北凉,结束了五胡十六国分裂时期,统一了北方。

我的未来不是梦

■ 战神？人屠！

白起，战国时期秦国名将，楚白公胜之后，故又称公孙起。白起号称"人屠"，战国四大名将之一（其他 3 人分别是王翦、廉颇、李牧），中国历史上自孙武、吴起之后又一个杰出的军事家和统帅。

白起作战有 4 个特点：

一、不以攻城夺地为唯一目标，而是以歼敌有生力量作为主要目的，而且善于野战进攻，战必求歼，这是白起最为突出的特点。他是战争史上运用围歼战术作战的无与伦比的统帅，也是中国战争史上很善于打歼灭战的军事统帅之一。

二、为达歼灭战目的强调追击战，对敌人穷追猛打，较孙武的"穷寇勿追"及商鞅的"大战胜逐北无过十里"，显然前进一步。

三、重视野战筑垒工事，先诱敌军脱离设垒阵地，再在预期歼敌地区筑垒阻敌，并防其突围。此种以筑垒工事作为进攻辅助手段的作战指导思想，在当时前所未有。

四、精确进行战前料算，不论对敌我双方的军事、政治、国家态势甚至第三方可能采取的应对手段等等皆有精确料算，无一不中，能未战即可知胜败，故而太史公司马迁称赞白起为"料敌合变，出奇无穷，声震天下"。

白起的作战指挥艺术，代表了战国时期战争发展的水平。白起用兵，善于分析敌我形势，然后采取正确的战略、战术方针对敌人发起进攻。如伊阙之战中集中兵力，各个击破；鄢郢之战中的掏心战术，并辅以水攻；华

阳之战长途奔袭。长平之战以佯败诱敌,使其脱离既设阵地,尔后分割包围,歼敌 45 万,创造了先秦战史上最大的歼灭战战例,也是中国历史上最早、规模最大、最彻底的围歼战。其规模之大、战果之辉煌,在世界战争史上也是罕见的。长平之战也反映了战争自身发展概貌。

秦国与赵国的长平之战,赵国派老将廉颇在长平设防,抵御秦军,廉颇见秦军兵强将猛,势力强大,不敢硬拼,于是便命令军队坚守营寨,严阵以待。秦军屡次挑战,赵军都不出来应战,秦军久攻不下,两军相持达 4 个月之久。秦国用反间计使赵王用毫无实战经验的赵括替换了老将廉颇后,白起面对鲁莽轻敌、高傲自恃的赵括,决定采取后退诱敌,分割围歼的战法。他命前沿部队担任诱敌任务,在赵军进攻时,佯败后撤,将主力配置在纵深构筑的袋形阵地,另以精兵 5 000 人,楔入敌先头部队与主力之间,伺机割裂赵军。8 月,赵括在不明虚实的情况下,贸然采取进攻行动。秦军假意败走,暗中张开两翼设奇兵胁制赵军。赵军乘胜追至秦军壁垒,秦早有准备,壁垒坚固不得入。白起令两翼奇兵迅速出击,将赵军截为三段。赵军首尾分离,粮道被断。秦军又派轻骑兵不断骚扰赵军。赵军的战势危急,只得筑垒壁坚守,以待救兵。秦王听说赵国的粮道被切断,亲临河内督战,征发 15 岁以上男丁从军,赏赐民爵一级,以阻绝赵国的援军和粮草,倾全国之力与赵作战。

到 9 月,赵兵已断粮 46 天,饥饿不堪,甚至自相杀食。赵括走投无路,重新集结部队,分兵四路轮番突围,终不能出,赵括亲率精兵出战,被秦军射杀。赵军大败,40 万赵兵投降。白起与人计议说:"先前秦已攻陷上党,上党的百姓不愿归附秦却归顺了赵国。赵国士兵反复无常,不全部杀掉,恐怕日后会成为灾乱。"于是使诈,把赵降卒全部坑杀,只留下 240 个年纪小的士兵回赵国报信。秦军先后斩杀和俘获赵军共 45 万人,赵国上下为之震惊。从此赵国元气大伤,一蹶不振。后因赵国的平原君写信给其妻弟魏国的信陵君,委托他向魏王发兵救赵,于是信陵君就去求魏王发兵救赵,魏王派晋鄙率 10 万大军救赵。但由于秦昭襄王的威胁,魏王让军队在邺城待命。信陵君为了救赵,只好用侯嬴计,窃得虎符,杀晋鄙,率兵救赵,在

我的未来不是梦

邯郸大败秦军,才避免赵国过早灭亡。

白起指挥过许多重要战役。大破楚军,攻入郢都,迫使楚国迁都,楚国从此一蹶不振。伊阙之战又歼灭韩魏联军24万,彻底扫平秦军东进之路。长平一战一举歼灭赵军45万人,开创了我国历史上最早、规模最大的包围歼敌战先例。大小70余战,没有败绩,从最低级的武官一直升到封武安君,六国人闻白起之名皆起胆寒。

历史上白起被称为人屠是有其深刻原因的,长平之战共杀人45万,连同以前攻韩、魏于伊阙斩首24万,攻楚于鄢决水灌城淹死数十万,攻魏于华阳斩首13万,与赵将贾偃战沉卒2万,攻韩于陉城斩首5万,共100余万,这是白起的一张极不完全的杀人账单。据梁启超考证,整个战国期间共战死200万人,白起占1/2,后因和秦昭襄王在是否再次攻赵的问题上发生分歧,被王龁取而代之,从此退出历史舞台。

逐梦箴言

认准核心的目标,不要被枝节所掣肘。

知识链接

白起,秦国名将,领兵30多年,攻城70余座,歼灭近百万敌军,被封为武安君。一生有伊阙之战、鄢郢之战、华阳之战、陉城之战和长平之战等辉煌胜利。

●格 言●

白起料敌合变，出奇无穷，声震天下，然不能救患于应侯。

——（汉）司马迁

生当作人杰，死亦为鬼雄，至今思项羽，不肯过江东。

——（宋）李清照

路是脚踏出来的，历史是人写出来的。人的每一步行动都在书写自己的历史。

——吉鸿昌

你若要喜爱你自己的价值，你就得给世界创造价值。

——[德]歌德

社会犹如一条船，每个人都要有掌舵的准备。

——[挪]易卜生

我的未来不是梦

第六章

目光长远，纵观全局

○导读○

　　懂战术者谋一隅；懂战略者谋全局。战略家要目光长远，纵观整个战局，能从全面的角度剖析战争本身，并且能提出正确的战略方针引导军队最终取得决定性的胜利。

把握全局，积小胜为大胜

朱德作为伟大的马克思主义者和无产阶级革命家、军事家，他在缔造中国共产党、中国人民军队和中华人民共和国的过程中，创造性地提出了许多极具时代精神和个人智慧的理论思想。特别是他的政治战争思想，既继承了马克思列宁主义关于"战争是政治的继续"的基本观点，又在战争的目的和地位、战争的策略和原则、战争的要点和方法等方面，结合中国革命和战争的实际进行了发展和创新，形成了比较完整的政治战争思想理论体系。这一思想的产生，不仅推动了毛泽东军事思想的形成和发展，而且成为指导中国革命和抗日战争取得胜利的强大的思想武器。

朱德对抗日战争的战略远见、首提持久战术、正确预见日军进攻上海的行动、正确分析了苏德战争的形势、对三大战役的科学预见，奠定了中国近代革命史上无人撼动的地位。

中国抗日战争形势的不断发展是朱德政治战争思想形成的重要实践基础。1938 年 10 月抗日战争进入相持阶段以后，日本已经无力对中国实行战略上的进攻，被迫调整其侵华政策，把过去的"速战速决""武力征服"的政策，改为"以战养战""以华制华"的政策，并提出了"共存共荣""东亚和平""剿共灭党"等口号，以谋求国民党集团内部的对日妥协投降。对于日本帝国主义调整侵华政策的险恶用心，朱德及时从政治的角度给予了批驳和揭露，他指出："只要读过田中奏折和松室孝良秘密报告的人，就可以知道日本强盗丝毫不因为自己有了现代化的武器而稍稍忽略了政治要素的

我的未来不是梦

103

作用。相反地,它从前和现在都没有一个时候不在讲求如何在政治上战败中国。"朱德在及时揭露日本帝国主义侵华目的及其险恶用心的同时,对一些存有模糊认识的所谓"政治家"也提出了批评和告诫,他指出:"拿日本强盗对于政治战争的如此注意与中国某些政治家来对比,就可以看出这些政治家对策的程度太差。因为这些政治家觉得要战胜日本强盗,连抗日自卫的广泛宣传与教育都是多余的,都是用不着的。"因此,他强调指出:"我们每个政治家,每个抗日军人,每个有民族觉悟的炎黄子孙,都要竭力于注意抗日的政治战争。"

早在全面抗战爆发的前夕,1937 年 4 月 12 日,朱老总就在延安中央大礼堂举行的西北青年救国会第一次代表大会开幕式上的讲话中,针对国民党的速胜论和党内某些人的急躁情绪,提出了抗日持久战的战略思想。他在讲话中明确指出:"抗日战争不是一两次战争就能解决的,战争的时间必会长久,战线必定会很宽。"他又利用抗战爆发后到南京参加蒋介石召集的国防会议的机会,于 1937 年 8 月 11 日在会议上发表了重要演说,进一步指出抗战的取胜之道是:"实行持久战,开放民主,动员民众,在敌后发动游击战争。"他的远见卓识,使得与会的国民党将领们为之耳目一新。他还就当前战局的进展发表了预见性的论断,指出:"日寇近日就会进攻上海",在座的国民党将领们对此半信半疑。结果,只隔了一天,会议还未散,就爆发了"八一三"淞沪抗战,与会诸将领尽皆叹服。

不久以后,蒋介石就接受他的建议,在庐山开办了抗日游击干部训练班,聘请了八路军将领做教官。与此同时,朱老总在八路军总部出版的《前线周刊》上发表了专著《论抗日游击战争》,全面而详尽地阐述了怎样从战略高度上以及在具体战术上开展游击战争,以达成持久抗战并最终驱逐日本帝国主义出中国的目的。1938 年 11 月,延安解放社为该书出版了单行本。这本书,成为根据地军民发动抗击日寇的军事行动的最好教材。在华北抗战中,搞得日寇头痛万分的"麻雀战""地道战""地雷战"等游击战战法战术,都从这本书中吸取了营养。

朱老总的这一对日持久抗战的战略指导思想与毛泽东完全一致,稍

后,毛泽东于1938年5月发表了他的著名论著《论持久战》。"七七"事变之后,全国规模的抗战爆发。7月14日,朱德写下了抗战誓词:"我辈皆黄帝子孙,华族胄裔,生当其时,身负干戈,不能驱逐日寇出中国,何以为人?我们誓率全体红军,联合友军,即日开赴前线,与日寇决一死战,复我河山,保我民族,保全国家,是我天职。"同年8月蒋介石任命朱德为国民革命军第八路军总指挥。中国工农红军改编为八路军,下辖3个师。下旬,朱德检阅开赴抗日前线的部队,誓师出征,亲率八路军主力3.2万人开赴山西太行前线,开辟华北抗战,在武乡县建立了八路军前线总部(第十八集团军总司令部),统一指挥我军华北敌后的抗日战争。他还被国民党当局任命为第二战区副司令长官兼东路军总指挥,指挥八路军3个师和国民党的4个师,授陆军上将军衔。在他和彭德怀的领导与指挥下,八路军首战平型关,设伏雁门关,夜袭阳明堡,斩获甚多,打破了日军不可战胜的神话,八路军威名天下扬。华北各地,黄河两岸,到处燃起了抗日的烽火。

到朱老总离开前,不足3年,八路军主力已经迅猛发展到22万人,地方武装和游击队数十万,华北各地建立了至少11处比较巩固的抗日根据地,给侵华日寇以沉重的打击,给全国人民以极大的鼓舞,给我全军将士以极强的振奋,朱老总与彭总在各根据地和全党全军中的声望如日中天,八路军声威大振。抗日战争发展到后期,我军已拥有正规军近百万,民兵游击队200多万,成为一支不可战胜的大军。这些成就,与朱德,彭德怀在华北的正确指挥与领导是密不可分的。在艰苦卓绝的八年抗日战争中,纵观华北抗战全局,在我全党全军中,朱老总和彭总的功勋是数一数二的,是无可比拟的。华北抗战的开展与八路军的大发展,为日后解放战争的胜利,奠定了坚实的基础。

我的未来不是梦

逐梦箴言

不要戚戚于现状的不堪与可笑，放眼明天，开创未来。

知识链接

《论持久战》是毛泽东于1938年在延安抗日战争研究会上的演讲稿，是关于中国抗日战争方针的军事政治著作。毛泽东在总结抗日战争初期经验的基础上，针对中国国民党内部分人的"中国必亡论"和"中国速胜论"，以及中国共产党内部分人轻视游击战的倾向，系统地阐述了中国实行持久战以获得抗日战争胜利的战略方针。

先欧后亚，缩短了战争进程

乔治·卡特利特·马歇尔，美国军事家、战略家、政治家、外交家，美国陆军五星上将。他于1901年毕业于弗吉尼亚军校，参加过第一次世界大战。1939年当上美国陆军参谋长后，马歇尔开始展现出他非凡的战略眼光。可以说美军在第二次世界大战期间，所有重大的军事行动，都是马歇尔参与制定的。尤其是他力排众议，坚持先欧后亚的战略方针，以致盟军通过正确的战略方向打击法西斯，缩短了第二次世界大战持续的时间，为美国在二战的胜利作出了不可磨灭的贡献。

1880年12月31日，马歇尔出生在尤尼恩敦。他是家中最小的孩子，上面有一个哥哥和一个姐姐。老马歇尔是一家焦炭熔炉公司的董事长，在宾夕法尼亚拥有富煤矿。马歇尔小的时候学习不好，考试总得最后一名。他后来承认，9岁时他便认定自己注定是"全班的劣等生"。父亲对他很失望，常用柳条鞭管教他。但这也不能使他的学习成绩好起来。

老马歇尔对军队情有独钟，希望儿子能成为军官。长子似乎可以实现父亲的梦想，他以优异成绩考进著名的弗吉尼亚军校。但他志不在军队，毕业后却改行到一家钢铁厂当了化学师。这时，小马歇尔突然雄心勃发，一再要求父母送他到哥哥的母校弗吉尼亚军校。他后来承认，他如此想上军校，并非因为喜欢军队或想穿上军装出出风头，而是因为要胜过他那个自命不凡、百般嘲笑他的哥哥。1897年9月，16岁的马歇尔进入弗吉尼亚军校。他刚入校，便受到老生的"考验"。老生按例让他在地板上悬蹲10

分钟,正下方固定着一把刺刀。他刚患过伤寒,身虚体弱,没坚持几分钟便坐到刀尖上,臀部受伤,血流如注。他被抬到医务所急救,但始终未说出受伤的缘由。他的行为赢得大家的赞许,他受到尊敬,在军校站住了脚。

第二次世界大战爆发后,美国没有马上参战。国内有人主张全力避免战争,有入主张积极参战。马歇尔将军认为,无论愿意与否,美国必然要卷入战争。而他作为陆军参谋长,积极备战更是责无旁贷。他支持罗斯福总统的援英战略。他认为英国人是在为美国赢得准备时间。

1941年12月8日,日本袭击珍珠港,太平洋战争爆发,美国终于卷入战争。珍珠港事件使许多军队领导人受到处分,但对马歇尔的职位未造成影响。他受到质询和责难,但没人想到要撤换他,也不再有人对他就美国参战的主导设想表示异议。为了适应战争,马歇尔上任不久便着手对军队进行了整顿。他提出一长串应当退役的军官的名单。这些军官并非无能,而是因为年事已高,思想大多囿于第一次世界大战的经验,甚至有人还用美西战争时期的方式思考问题。马歇尔认为应该是吐故纳新的时候了。他自己也提出要辞去职务,因为他与被自己革职的大多数军官是同代人。他向总统明确表示,自己这个61岁的老人理应让位给后来人,他们能更好地应付美国面临的挑战。总统批准了马歇尔所列的退伍军官的名单,但坚决留住了马歇尔。马歇尔需要精力充沛、年富力强的军官填补空缺,但遍数全国各个驻地,这样的军官并不很多。这时马歇尔的那个档案发挥了作用。档案里又添了一些新名字。其中有年轻的上校艾森豪威尔。他在路易斯安那州的模拟战中是第三军参谋长,曾展现出卓越的策划才能,大挫对手的锐气。第三军军长克鲁格将军称他"目光远大,不拘陈规,对于军一级指挥问题的重要性具有深刻了解,积极主动,足智多谋"。由于艾森豪威尔表现出色,克鲁格建议给他晋级。马歇尔观看了路易斯安那州的演习,对艾森豪威尔印象至深。回华盛顿后,他立即保荐艾森豪威尔升任准将,并将他调到自己的作战处任副处长。

巴顿在马歇尔的档案上也榜上有名。马歇尔对他的评语是:"乔治带兵所向无敌,无往不胜。但要紧紧勒住他的笼头。"1941年马歇尔让他指

挥了一个装甲军团。后来巴顿带兵打仗,屡立战功。

1942年7月下旬,美英两军联合参谋长委员会开始在伦敦拟定北非"火炬"作战的具体方案。11月8日天始实施"火炬"登陆作战计划登陆成功。经5个月的激战,盟军于1943年4月9日集中优势兵力发起总攻。英军第八集团军自南向北进行突击,美英联军自西向东发动进攻,经过18天的战斗,于5月7日分别攻占了突尼斯城和比塞大港。被挤压在这一地域的25万德意军队走投无路,于5月13日投降。至此,德意在北非的部队全部被肃清,非洲战场的战事以美英的最后胜利而结束。

1943年12月,罗斯福、丘吉尔和斯大林在德黑兰会议上最终商定,于1944年5月由美英军队在法国北部诺曼底地区登陆。这次登陆战役的代号定为"霸王"。人们普遍认为,指挥"霸王"战役的盟军最高司令一职非马歇尔将军莫属。马歇尔将军已是众望所归的人。此际,美国陆军的步兵和航空队同时活跃在世界的六大战场,战线极长,但是由于马歇尔在华盛顿指挥得力,对各路人马的状况、需求、配备和军务缓急了如指掌,应付自如,协调有致,为美军的不断胜利创造了良好条件。

欧战胜利了,希特勒自杀了,德国军队投降了,马歇尔终于可以松一口气了。他一心想卸下参谋长的重任。好像为了提醒他解甲归田的时候即将来临,波茨坦会议期间有人捎来一篮子土豆、莴苣、胡萝卜、蚕豆、卷心菜,都是来自弗吉尼亚州多多纳家里菜园的东西,这是他后婚的妻子凯瑟琳给丈夫的明显暗示:现在是他回家种菜务农的时候了。但是,对日战争还没有结束,马歇尔还不能休息。又过了3个多月,到8月,在中国、美国、苏联和其他各国的共同打击下,日本被彻底打败了。8月15日,日本天皇在电台上亲自宣读了《停战诏书》,宣布无条件投降。美军占领了日本。9月2日,在停泊于东京湾的美国"密苏里"号战列舰上举行了日本投降签字的仪式。第二次世界大战结束了。

逐梦箴言

战略上的失误,战术上赢不回来。

知识链接

乔治·卡特莱特·马歇尔(George Catlett Marshall, 1880 — 1959),美国军事家、政治家、外交家,陆军五星上将。1939 年任美国陆军参谋长,为罗斯福出谋划策,坚持先攻纳粹德国再攻日本帝国,为美国在二战的胜利作出了不可磨灭的贡献。战后更因其复兴欧洲经济的"马歇尔计划"荣获 1953 年诺贝尔和平奖。

铁木真和蒙古帝国

印度前总理尼赫鲁在《怎样对待世界历史》一书中说："蒙古人在战场上取得如此伟大的胜利,这并不靠兵马之众多,而靠的是严谨的纪律、制度和可行的组织。也可以说,那些辉煌的成就来自于成吉思汗的指挥艺术。"他非常赞成勒·加特的说法:"蒙古人所进行的征战,就其规模和艺术、突然性和灵活性、包围的战略和战术而言,是史无前例的。""成吉思汗即使不是世界上唯一的、最伟大的统帅,无疑也是世界上最伟大的统帅之一"。

孛儿只斤·铁木真,蒙古帝国可汗,汗号"成吉思汗"。世界史上杰出的政治家、军事家。1271 年元朝建立后,忽必烈追尊成吉思汗为元朝皇帝,庙号太祖,谥号法天启运圣武皇帝。在位期间多次发动对外征服战争,征服地域西达西亚、中欧的黑海海滨。

成吉思汗生于 12 世纪 60 年代初(1162)。后因父亲被杀,所部就分散了。经不断努力,联合札木合以及父亲的安答脱斡领勒,重组乞颜部,最后慢慢发展以至统一蒙古。当时,今中国北方区域处在女真金朝统治之下。大漠南北草原各部各自独立,互不统属。金对其实行"分而治之"和屠杀掠夺的"减丁"政策。

1146 年,蒙古部首领俺巴孩干被金熙宗以"惩治叛部法"的名义钉死在木驴上。蒙古部落联盟曾经组织了多次反抗斗争,他们的几代先人为此付出了鲜血与生命。在这种社会环境下出生的铁木真,自然也将对金国的胜利看作是他一生中最主要的奋斗目标。

我的未来不是梦

　　他一直把这个仇恨记在心里,正是这种几代冤仇导致了草原内外的长期征战,铁木真的母亲诃额仑夫人出生于弘吉刺部,同蔑儿乞人赤列都结亲。1161 年秋,蒙古乞颜部首领也速该在斡难河畔打猎,发现了途经蒙古部驻地的诃额仑。他在几位兄弟朋友的协助下,根据当时的"抢亲"传统,打败了蔑儿乞人,抢来了诃额仑夫人,于是诃额仑成为也速该的妻子。

　　第二年,也速该生擒塔塔尔部首领铁木真兀格,恰好这时第一个儿子降生了。为了庆祝战争的胜利,也速该给自己刚出生的长子取名"铁木真"。铁木真 9 岁时,父亲被铁木真兀格之子札邻不合毒死。也速该死后,俺巴孩汗孙泰赤兀部的塔里忽台乘机兴风作浪,煽动蒙古部众抛弃铁木真母子,使其一家从部落首领的地位一下子跌入苦难的深渊。铁木真 18 岁时,昔日仇敌蔑儿乞部的脱脱部长又抢走了他的妻子。铁木真向蔑儿乞部开战,打败了蔑儿乞人。1184 年前后,铁木真被推举为蒙古乞颜部可汗。

　　随着自己力量的不断强大,铁木真开始向杀害父祖的敌人寻仇。败蔑儿乞部,杀其首领,部将木华黎父子投诚。后木华黎成为铁木真的第一名将,封太师国王,让他独当一面地经略中原。

　　草原各部贵族害怕铁木真的崛起,推举札木合为"古儿汗",即众汗之汗,誓与铁木真为敌。他们组建 12 部联军,向铁木真和克烈部发动了阔亦田之战。札木合率领的乌合之众禁不住铁木真王汗联军的猛烈打击,不到一天就土崩瓦解,札木合投降王汗。随后铁木真进攻塔塔儿部,其首领札邻不合服毒自杀,塔塔儿部另一首领也客扯连投降。铁木真追击泰赤兀部,在指挥作战中被泰赤兀部将射中脖颈,生命垂危。第二天清晨,泰赤兀部众向铁木真投降。

　　成吉思汗立国后,势力益盛,实行千户制,建立护卫军。开始对外发动大规模征服战争。经 20 余年与西夏的战争,屡创西夏军主力,迫西夏国王乞降,除金朝西北屏障以顺利南下攻金。六年(1211),亲率大军伐金,开始了为时 24 年的蒙金战争。首战乌沙堡获捷;再战野狐岭、会河堡,歼灭金军大量精锐;又战怀来、缙山,大败金军 10 余万;重创金军于东京、西京、居庸关等地。后不断改变战法,分兵三路攻掠中原腹地及辽西地区。

　　成吉思汗九年(1214)三月,集兵大都(今北京)城下。料一时难以克城,

遂遣使逼和,迫金朝奉献岐国公主、金帛和马匹,引兵退出居庸关。六月,以金朝迁都南京而"违约"为借口,乘金人心浮动及军士哗变降蒙之机遣部将三摸合拔都、石抹明安率军,会合降蒙军士进攻中都,以围城打援和招降之策,于次年五月克城。

成吉思汗十二年(1217),成吉思汗封木华黎为太师、国王,指挥攻金战争,自率主力返回蒙古准备西征。先遣先锋将领哲别灭西辽屈出律势力,扫清西征障碍。以西域花剌子模国杀蒙古商人和使者为由,以军事扩张和掳掠财物为目的,亲率大军约20万分路西征。数年间先后攻破讹答剌(在今锡尔河中游)、布哈拉及撒马尔罕等地。遣哲别、速不台率军追击花剌子模国王摩诃末,迫其逃至宽田吉思海(今里海)中小岛。再命哲别、速不台继续西进,远抵克里米亚半岛;自率一军追击摩诃末之子札兰丁至申河(印度河)。班师返漠北,率军10万歼灭西夏军主力(次年西夏灭亡)。成吉思汗正欲集中全力攻金,于二十二年七月十二日(1227年8月25日)在六盘山下清水县(今属甘肃)病逝,年66岁。临终遗嘱:利用宋金世仇借道宋境,联宋灭金。其子窝阔台和拖雷遵此遗策,于窝阔台汗六年(1234)灭金。

逐梦箴言

蒙古帝国纵横欧亚,不仅因为骁勇善战,更在于有开阔的视野和长远的计划。

知识链接

成吉思汗(1162—1227),蒙古帝国奠基者、政治家、军事统帅。

■ 雄才大略造就贞观盛世

唐太宗李世民,唐朝第二位皇帝,政治家、军事家、书法家、诗人。他名字的意思是"济世安民"。汉族,陇西成纪(今甘肃天水)人,祖籍赵郡隆庆(今邢台市隆尧县)。唐朝建立初期,封秦王,立下赫赫战功。即帝位后,积极听取群臣的意见,努力学习文治天下,成功转型为中国历史上最出名的政治家与明君之一。

他经过主动消灭各地割据势力,虚心纳谏,在国内厉行节约,使百姓休养生息,终于使得社会出现了国泰民安的局面,开创了历史上著名的"贞观之治",为后来实现"开元盛世"奠定了重要的基础,将中国传统农业社会推向鼎盛时期。

公元 614 年,李世民娶妻长孙氏,武德九年(626)立为皇后,即长孙皇后(名不详,13 岁嫁于李世民)。

隋大业十一年(615),隋炀帝被突厥 10 万骑围困于雁门(今山西代县),李世民受募从屯卫将军云定兴之命前往救援,提出虚张军容,昼引旌旗数十里,夜以钲鼓相应的疑兵计。时值东都及诸郡援兵亦至忻口(今忻县北),迫使突厥始毕可汗解围而去。

十三年(617)六月,与其兄李建成率兵攻西河(今汾阳),首战获胜,促使李渊决意西向关中。任右领军大都督,统右三军,封敦煌郡公。

七月随李渊自太原(今太原西南)南下。途中遇大雨,道路泥泞,粮草不济,李渊一度动摇,欲还师更图后举。世民坚决主张继续进军,提出先入咸阳,号令天下的方略。

八月，进攻霍邑（今霍州），先率轻骑至城下，诱隋守将宋老生出战，继而率骑猛冲其侧背，配合李渊、建成正面攻击，斩宋老生，克其城。

九月，军至河东（今永济西南），力主急速进军长安（今西安），遂奉命率前军西渡黄河，顺利占领渭河以北地区，各大族豪强纷至军门投效，数支农民起义军亦来归附，兵力迅速发展至13万人。

十一月，会诸军攻克长安。李渊立代王杨侑为帝，即隋恭帝，改大业十三年为义宁元年（617），以光禄大夫、大将军、太尉唐公为假黄钺、使持节、大都督内外诸军事、尚书令、大丞相，进封唐王，李世民为京兆尹，改封秦公，义宁二年（618）三月，为右元帅，徙封赵国公。

同年（618）五月，隋恭帝杨侑禅位于唐，唐王李渊即皇帝位，改国号为大唐，改元武德。武德元年（618），以赵国公世民为尚书令、右翊卫大将军，进封秦王。武德四年（621）被封为天策上将。

唐朝建立以后，为统一全国，先后进行了6次大的战役。这6次战役李世民就指挥了4次，全部取得了胜利，为唐朝立下了赫赫战功。

第一次是对陇西薛举父子集团的战役，唐武德元年（618），薛举率军进攻关中，双方在现陕西长武县发生激战，由于李世民生病，刘文静不听元帅告诫而听殷开山之计，出战，被薛举所败，退回长安。但不久，李世民便在浅水原之战彻底打败薛军，消灭了陇西集团。

第二次，刘武周依附突厥，南下进攻唐朝，攻占了晋阳，李世民不畏艰险，终于击溃了敌人主力，并乘胜追击，两天不吃饭，三天不解甲，一日八战，八战皆胜，彻底消灭了敌军，收复了丢失的土地。

第三次是对王世充和窦建德的战役。该战役规模为唐统一战争中最大的一次。在这次战役中，李世民先将王世充击败，围困在洛阳，令其无粮草供应，待其自毙。就在洛阳将下未下之时，河北的窦建德军10余万众号称30万为救援王世充，突然出现在唐军背后，李世民力排众议，亲率3 500人在虎牢之战中大败窦建德军，生擒窦建德。洛阳的王世充也只得投降，这次李世民一举两克，取得了决定性的胜利。

第四次是平定刘黑闼的战役，刘黑闼是窦建德的部下，他打着为窦建德复仇的旗号，在河北起兵反唐。李世民指挥了平定其第一次起兵的战

役，仅仅两个月就取得了胜利。其他两次战役是由李孝恭指挥的平定杜伏威的江淮军和平定以江陵为根据地的萧铣的梁政权。

李世民自此威望日隆，尤其是在虎牢之战后进入长安时，受到部分军民以皇帝的礼仪招待。武德四年（621）冬十月，封为天策上将、领司徒、陕东道大行台尚书令，食邑增至 2 万户。高祖又下诏特许天策府自置官属，俨然形成一个小政府机构。

李世民在战斗中注重战前侦察，虽屡次遇险，但每次战斗都能做到知己知彼，善于制造战机，当敌强我弱时，他经常用"坚壁挫锐"的战法拖垮敌人，战斗中身先士卒，亲自率领骑兵突击敌阵，胜利后勇追穷寇，不给敌人喘息之机，因此获得了每次战役的胜利。

在统一边疆的战争中，他运筹帷幄，决胜千里，明于知将，选拔良才，取得了战争的胜利。李世民用他卓越的军事才能，为大唐盛世的建立和发展做出了巨大贡献。

逐梦箴言

盛世每以长远眼光、周密计划为基础，国家如此，人生亦然。

知识链接

贞观之治，是唐太宗在位期间的清明政治。由于唐太宗能任人廉能，知人善用；广开言路，虚心纳谏；厉行节约，休养生息，复兴文教，社会出现了安定的局面。与此同时大力平定外患，稳固边疆。这是唐朝的第一个治世，同时为后来的开元之治奠定了厚实的基础。

君子务知大者远者，小人务知小者近者。

——《左传》

瓜是长大在营养肥料里的最甜，天才是长在恶性土壤中的最好。

——[英]培根

懒惰像生锈一样，比操劳更能消耗身体；经常用的钥匙，总是亮闪闪的。

——[美]富兰克林

顽强的毅力可以征服世界上任何一座高峰！

——[英]狄更斯

人的一生可能燃烧也可能腐朽。我不能腐朽，我愿意燃烧起来。

——[俄]奥斯特洛夫斯基

我的未来不是梦

第七章

忍辱负重，志在千里

○导读○

　　忍辱负重指为了完成重任而忍受暂时的屈辱，这需要具备一定的忍耐力、意志力和韧性，可用来赞扬顾全大局，忍受屈辱，有能力有担当的人。作为一个军事家，要认清敌我态势，保持清醒的头脑，从全局出发，不在意一时间的荣辱得失，知耻而后勇，方可奋发进取，立于不败之地。

■ 从全局的利益出发

东汉末年,魏蜀吴三足鼎立,东吴吕蒙夺取荆州杀害了蜀将关羽,蜀主刘备十分愤怒,调集倾国军马亲自征讨东吴,声势浩大,东吴国君孙权立即遣使言和,刘备不予理睬,水陆并进,连克东吴数城。

孙权随即任命陆逊为大都督,令其率领军队应战,陆逊到任以后,通过对双方兵力、士气以及地形等诸多条件的分析,指出刘备兵多将广,锐气正盛,而且求胜心切,决定暂时避开蜀军的锋芒,等待时机,破敌制胜。他从全局的利益出发,果断地施行战略退却。由于陆逊名不见经传,资历不高,众多将领不服从他的统帅,不明白他的战略意图,认为陆逊连续撤退是因为惧怕刘备大军。陆逊忍辱负重,承担各种压力,耐心说服了吴军众多将领想要立即决战的请求,一直撤退到夷道、猇亭一线。之后在那里停止退却,转为防御,阻碍蜀军的继续进兵,同时调集兵马,寻找时机与刘备一决雌雄。此时,刘备大军早已深入吴国境内二三百里,由于开始遭到了吴军的顽强抵御,大军东进的速度已停带不前。

在吴军占领要地,坚守不出的情况下,刘备为调动陆逊出战,派大将张南率兵围攻驻守夷道的孙桓。孙桓是孙权的亲侄儿,所以吴军将领纷纷要求火速增援,陆逊深知夷道城兵精粮足,而且孙桓素得将士之心,从全局的利益出发,果断拒绝了分兵增援的建议,避免了中计和分散兵力的行为。过了几个月,两军仍然相持不下,刘备为了速战速决,曾多次派人到阵前辱骂挑衅,但是陆逊均沉着冷静不予理睬。之后刘备又派吴班率领军队在平地立营,安排部下在山谷做好埋伏,企图诱陆逊出战,伺机歼之。但是依然未能得逞。

陆逊长期坚守不战，破坏了刘备想要速战速决的战略意图，蜀军将士长途跋涉，早已疲惫不堪，加上长期作战，逐渐失去了战斗意志，士气低下，丧失了主动优势的有利地位，六月的江南地区，酷热难耐，暑气逼人，刘备没有办法，只好将水军转移到陆地上，令将士们依傍溪涧，在深山老林里避暑，每天休整部队，准备等到秋天以后再发动进攻。由于孤军深入吴境，远离后方，后勤补给多有困难，且蜀军是处于二三百里的山路上，形成百里连营，兵力不集中，从而为陆逊提供了可乘之机。

陆逊看到蜀军士气低落，放弃了水陆并进、联合作战的战略方针，认为此时战略反攻的时机已经到来。陆逊在进行大规模反攻之前，先派遣了小股部队进行试探性攻击，这次进攻使陆逊找到了克敌制胜的方法，确定了火攻蜀军连营的作战方略。因为当时正是江南的炎热时节，天气闷热，而刘备大军的营寨都是由木棚所搭制，其周围又都是树林、杂草，一旦烧起火来，便会连成一片火海。

战略大决战开始之后，陆逊立即命令东吴将士各持茅草一把，趁着夜色突袭蜀军大营，顺风放火，瞬时间蜀军驻地连成一片火海，蜀军大乱，烧伤死亡无数，陆逊乘势发动总攻，迫使蜀军败退。吴将朱然率军插入到蜀军后方，与韩当合力配合，断绝了蜀军的退路；潘璋猛烈攻击蜀军冯习部，大获全胜；诸葛瑾，骆统等部配合陆逊的主力在猇亭大败蜀军；守御夷道的孙桓也反守为攻，全面投入战斗，吴军势如破竹，很快就收复了大部分失地，并且用水军切断了刘备大军长江两岸间的联系，蜀军将领阵亡较多，更有杜路、刘宁等屈膝投降。刘备见大势已去，立刻逃往夷陵西北的马鞍山，命令将士据险守卫。陆逊随即调遣兵马，集中力量，四面围攻，歼灭蜀军数以万计。至此以后，蜀军丢盔弃甲，四处逃散，损失兵粮军械无数。刘备连夜突围逃跑，行至石门山时，被吴将孙桓部所追击，险些被擒，后来命令士兵堵塞山道，才脱离险境逃入白帝城。

吴军众多将领主张乘胜追击，生擒刘备，但是陆逊此时并没有被胜利冲昏头脑，他从全局的利益出发，停止追击，严防曹魏方面浑水摸鱼，突袭后方，从中渔利。到了九月份，曹魏果然派大军攻打吴国，还好陆逊早有部署，运筹帷幄，令魏军无功而返。

刘备因夷陵之战的惨败一病不起,次年四月,最终亡故于白帝城,夷陵之战就这样结束了。

陆逊足智多谋,精于用兵,能够审时度势,忍辱负重,在夷陵之战前的巧夺荆州一役,他利用关羽骄傲自大的弱点,以卑贱的文笔写信给关羽,极力吹捧,他能够忍受暂时的屈辱,从全局的利益出发,使关羽丧失对东吴的警惕,全力攻打曹操,从而为吕蒙兵不血刃地夺取荆州奠定了基础。夷陵之战时,陆逊又根据当时敌强我弱、敌众我寡的实际情况,主动放弃大片领土和战略重地,他忍受将士们的猜忌和不满,加上蜀军的骄横跋扈与蔑视,从全局的利益出发,制定了切实可行的军事方针,最后终于不辱使命,打败了蜀汉大军。从指挥艺术上看,作为军队的统帅,陆逊的确是顾全大局,能够审时度势的杰出军事家,他做到了知己知彼,能够发现战机,抓住战机,从而克敌制胜。陆逊是东吴继周瑜、鲁肃、吕蒙之后的又一个声名远扬,功勋卓越的将领,他智勇兼备,文能治国,武能安邦,而且品质高尚,做事情能从全局出发,忍辱负重,的确是我们学习的榜样!

从全局的利益出发,最后的赢家才是真正的赢家。

逐梦箴言

成大事者,不逞言语之利,不争一时之短长。

知识链接

陆逊(183 — 245),本名陆议,字伯言,吴郡吴县(今江苏苏州)人,三国时期吴国的军事家、谋略家、政治家,吴王孙权称帝后被任命为丞相,曾指挥三国时代著名的"夷陵之战",以少胜多。

我的未来不是梦

■ 在困境中求生存

生于战国时期的孙膑,是中国历史上赫赫有名的军事家,他是著名军事家孙武的后人,著有《孙膑兵法》流传人间,对后世影响深远。

孙膑早年与庞涓一起向鬼谷子学习兵法,同学期间,两人结下了深厚的友谊。

有一次魏国国君以优厚的待遇求贤纳士,庞涓经受不住诱惑,决定离开深山,谋求富贵,去干一番大事业。孙膑却认为自己学业未成,应该进一步深造,也不愿离开鬼谷子老师,于是没有跟随庞涓一起下山,庞涓临行时对孙膑说:"我们俩兄弟,情谊深厚,这一去重逢之日遥遥无期,如果我在魏国得到了重用,一定回来迎接你,共同建功立业,共享富贵。"孙膑听后非常感动,眼含热泪送别了庞涓。庞涓到了魏国以后,面见魏王,向魏王讲述了自己治国安邦、领兵打仗等方面的见解,并保证说:"如果让我统领军队,一定为大王兼并其他六国,完成统一大业。"魏王听后非常高兴,随即任命他为元帅,掌管魏国兵权,庞涓的确很有能力,不久便打败了魏国周围的很多小国,取得连连胜利,使其他小的诸侯国纷纷来到魏国朝贺,表示与魏国修好。

不但如此,庞涓还率领军队打败了当时非常强大的齐国,这不仅提高了他的声望,还让魏国的君臣百姓更加尊敬他,依赖他,就连庞涓本人,也认为自己立下了盖世功勋,经常向别人夸耀自己,大有天下无敌的气势了。

　　这段期间，孙膑却在山中一直学习兵法，老师见他谦虚好学，而且为人诚挚正派，就把《孙子兵法》传授给了他，此时的孙膑早已超过了庞涓，对兵法的领会也有了更加深刻的了解。

　　有一天，魏国派使者来见孙膑，请求他下山帮助魏王完成统一大业，孙膑以为是庞涓借魏王名义请他出山，心里非常高兴，于是告别了鬼谷子老师，随同使者来到了魏国。其实庞涓并没有举荐过孙膑，而是墨翟向魏王讲述了孙膑的才能之后，魏王亲自决定的。

　　孙膑来到魏国以后，先去看望了庞涓，庞涓热情款待了他，并且留他在府里居住，庞涓表面上很是开心，其实心里十分不安，害怕孙膑来了以后会抢夺他的政治地位，又听说孙膑在下山之前学习了《孙子兵法》，学问才能有了很大提高，心里十分嫉妒。

　　为了防范孙膑与自己争夺权力，庞涓设计陷害了孙膑，诬陷他私通齐国，用尖刀剜剔下孙膑的两个膝盖骨，使其再也无法走路。此后，庞涓对孙膑假意关心，诱骗他为自己写《孙子兵法》，一旦兵书拿到手里，立刻就结果孙膑的性命。孙膑得知以后，心里十分愤怒，第二天写书的时候当着仆人的面突然两眼翻白、大呕大吐，之后将写完的部分《孙子兵法》一齐扔到火盆里，自己也把身子扑向火盆，头发和胡子都烧着了。仆人们赶快去把他救起，他却神志不清，对仆人又打又骂。庞涓得知后急忙赶来，看到《孙子兵法》化为灰烬，心疼不已。再看孙膑，时而大笑，时而痛哭流涕，完全一副疯癫状态，愤怒之下，将孙膑拖进了猪圈里。孙膑浑身脏兮兮的，在猪圈的泥水里又哭又笑，四处打滚。为了试探孙膑是否真的疯了，庞涓在夜晚派人给他送食物，让仆人悄悄地对孙膑说："我是庞府的家丁，很同情先生的遭遇，我带了饭，您偷偷吃点吧。"没想到孙膑一下子打翻了食物，破口大骂："你是想毒死我吗？！"来送饭的人非常生气，于是就捡起猪粪给他吃，孙膑接过来就往嘴里塞，看起来吃得非常开心。

　　送饭的人把事情一五一十地告诉了庞涓，这时庞涓才有些相信孙膑真的疯了，至此以后，孙膑装疯卖傻，时常睡在大街上和猪圈里，每天又哭又笑，又骂又唱，庞涓虽然放松了警惕，但还是每天派人监视孙膑的行踪。

此时此刻，只有墨翟坚信孙膑并没有疯，他把孙膑的才能和处境告诉了齐国大将田忌。田忌又把情况报告给了齐威王，齐威王立刻决定营救孙膑，打算让他为齐国效力。

于是田忌派人来到了魏国，乘庞涓的疏忽，将孙膑救回了齐国。齐威王非常赏识孙膑的才能，让他做了军队的军师。有一次田忌和齐威王赛马，孙膑对田忌说："用你的三等马对大王的一等马，用你的二等马对大王的三等马，最后用你的一等马对大王的二等马。"结果田忌真的赢了。齐国上下无不赞扬孙膑的聪明才智。

孙膑逃走不久，庞涓带领军队攻打赵国，围住了赵的都城邯郸，赵国向齐国求援。于是田忌带领大军准备去邯郸解围，孙膑却主张去攻打魏国的襄陵，田忌听从了孙膑的建议，果然使庞涓回援自救，不仅使赵国脱离了危险，还在半路伏击了魏军，大获全胜。

又一年，庞涓带兵攻打韩国，韩国知道自己不是魏国的对手，于是请求齐国救援，田忌听从孙膑的计谋，不去韩国解围，而是去攻打魏国都城大梁。庞涓知道以后，火速带兵赶回魏国。可是回去以后，齐军却开始撤退。庞涓非常生气，决定与孙膑拼个你死我活，于是不顾一切，奋力追赶孙膑，当追到马陵道的时候，被一棵大树挡住了去路，隐约看到树身上有字迹，因为当时天色已黑，庞涓令人点亮火把，亲自上前辨认字迹，只见树皮上面写着："庞涓死于此地。"刚刚看清，山谷间便万箭齐发，庞涓身中数箭，重重地倒在了地上。

孙膑忍辱负重，求得一线生机，终于用自己的智慧战胜了庞涓，使自己能够一雪前耻，流芳百世。

逐梦箴言

能负重者,能至千里。

知识链接

　　孙膑,战国初期军事家,兵家代表人物。孙膑受同窗庞涓
迫害遭受膑刑,后在齐国使者的帮助下投奔齐国,被齐威王任
命为军师,辅佐齐国大将田忌两次击败庞涓,取得了桂陵之战
和马陵之战的胜利,奠定了齐国的霸业。

我的未来不是梦

■ 卧薪尝胆

范蠡是春秋战国时期著名的政治家、军事家,还是一位杰出的商人,被誉为"治国良臣,兵家奇才,商人始祖。"他功成名就后激流勇退,见好就收,为官场中人树立了一个既能入朝建功、又能下野善终的典范,被后世为官者奉为楷模;他辞官经商三聚三散,为后世的商人们树立了一个迅速致富的典型,被历代商人尊为"商圣"。

周敬王二十四年(前 496),吴国和越国发生了檇李之战,吴王阖闾阵亡,因此两国结怨,连年战乱不休。周敬王二十六年(前 494),阖闾之子吴王夫差为报父仇与越国在夫椒(今无锡太湖马山)决战。越王勾践大败,仅剩 5 000 兵卒逃入会稽山。

越王勾践退守会稽山后,就向全军发布号令说:"凡是我的父辈兄弟及全国百姓,哪个能够协助我击退吴国的,我就同他共同管理越国的政事。"

范蠡遂于勾践穷途末路之际投奔越国,"人待期时,忍其辱,乘其败……""持满而不溢,则于天同道,上天会佑之;地能万物,人应节用,则获地之赐;扶危定倾,谦卑事之,则与人同道,人可动之。"他向勾践慨述"越必兴、吴必败"之断言,进谏:"屈身以事吴王,徐图转机。"劝勾践要有长远的目光。遂被越王勾践拜为上大夫。

随后,越王就派文种到吴国去求和。文种对吴王说:"我们越国派不出有本领的人,就派了我这样无能的臣子,我不敢直接对您大王说,我私自同您手下的臣子说:我们越王的军队,不值得屈辱大王再来讨伐了,越王愿意

把金玉及子女，奉献给大王，以酬谢大王的辱临。并请允许把越王的女儿作大王的婢妾，大夫的女儿作吴国大夫的婢妾，士的女儿作吴国士的婢妾，越国的珍宝也全部带来；越王将率领全国的人，编入大王的军队，一切听从大王的指挥。如果您大王认为越王的过错不能宽容，那么我们将烧毁宗庙，把妻子儿女捆绑起来，连同金玉一起投到江里，然后再带领现在仅有的5 000人同吴国决一死战，那时一人就必定能抵两人用，这就等于是拿一万人的军队来对付您大王了，结果不免会使越国百姓和财物都遭到损失，岂不影响到大王加爱于越国的仁慈恻隐之心了吗？是情愿杀了越国所有的人，还是不花力气得到越国，请大王衡量一下，哪种有利呢？"吴王夫差接受了文种的意见，同越国订立和约，让文种回越国去了。

在去吴国为奴前，越王勾践向百姓说："我没有估计到自己力量的不足，去同强大的吴国结仇，以致我国广大百姓战死在原野上，这是我的过错，请允许我改正！"然后埋葬好战死的士兵的尸体，慰问负伤的士兵；对有丧事的人家，越王就亲自前去吊唁；有喜事的人家，又亲自前去庆贺；百姓有远出的，就亲自欢送；有还家的，就亲自迎接；凡是百姓所憎恶的事，就清除它；凡是百姓急需的事，就及时办好它。然后越王勾践按照吴国的要求，去吴国为奴，侍奉吴王夫差；给吴王当了马夫，范蠡陪同勾践夫妇一起在吴国为奴，在艰险的环境中。范蠡鼓励越王勾践："忍以持志，因而砺坚，君后勿悲，臣与共勉！"3年后，吴王夫差终于放松了警惕，放勾践和范蠡等人回了越国。

3年后归国，范蠡与文种拟定兴越灭吴九术，是越国"十年生聚，十年教训"的策划者和组织者。为了实施灭吴战略，也是九术之一的"美人计"，范蠡亲自跋山涉水，终于在苎萝山浣纱河访到德才貌兼备的巾帼奇女——西施，在历史上谱写了西施深明大义献身吴王，里应外合兴越灭吴的传奇篇章。范蠡事越王勾践20余年，苦身戮力，终于灭吴，成就越王霸业。

范蠡的军事宗旨：强则戒骄逸，处安有备；弱则暗图强，待机而动；用兵善乘虚蹈隙，出奇制胜，为后世称道并沿用。

范蠡既能治国用兵，又能齐家保身，是先秦时期罕见的智士，史书概括

其平生"与时逐而不责于人"。

胜利后,越王封范蠡为上将军。可范蠡认为在有功于越王之下,难以久居,"飞鸟尽,良弓藏;狡兔死,走狗烹"。他深知勾践为人"长颈鸟喙",可与共患难,难与同安乐,遂与西施一起泛舟齐国,变姓名为鸱夷子皮,带领儿子和门徒在海边结庐而居,戮力垦荒耕作,兼营副业并经商。没有几年,就积累了数千万家产。他仗义疏财,施善乡梓,范蠡的贤明能干被齐人赏识,齐王把他请进国都临淄,拜为主持政务的相国。他喟然感叹:"居官致于卿相,治家能致千金。对于一个白手起家的布衣来讲,已经到了极点。久受尊名,恐怕不是吉祥的征兆。"于是,才3年,他再次激流勇退,向齐王归还了相印,散尽家财给至交和老乡。

行至陶,范蠡看到此地为贸易的要道,可以据此致富,于是,他自称陶朱公,留在此地,根据时机进行物品贸易,时间不长,就累积万万。后来,范蠡次子因杀人而被囚禁在楚国。范蠡说:"杀人偿命,该是如此,但我的儿子不该死于大庭广众之下。"于是就派少子前去探视,并带上一牛车的黄金。可是长子坚持要替少子去,并以自杀相威胁。没办法,范蠡只好同意。过了一段时间,长子带着次子的死讯回到家。家人都感到悲哀,唯有范蠡独笑说:"我早就知道次子会被杀,不是长子不爱弟弟,是有所不能忍也!他从小与我在一起,知道为生的艰难,不忍舍弃钱财。而少子生在家道富裕之时,不知财富来之不易,很易弃财。我先前决定派少子去,就是因为他能舍弃钱财,而长子不能。次子被杀是情理中的事,无足悲哀。"这就是历史上著名的范蠡"三聚三散"。

正是因为范蠡有这"三聚三散",后人才把他尊为财神。

逐梦箴言

十年生聚 十年教训！

知识链接

范蠡，字少伯，又名鸱夷子皮或陶朱公，早年居楚时，尚未出仕，人称范伯。以经商致富，广为世人所知，后代许多生意人皆供奉他的塑像，称之财神。

我的未来不是梦

◦ 格 言 ◦

巧言乱德，小不忍则乱大谋。

——(春秋)孔子

故天将降大任于是人也，必先苦其心志，劳其筋骨，饿其体肤，空乏其身，行拂乱其所为，所以动心忍性，曾益其所不能。

——(战国)孟子

有志者，事竟成，破釜沉舟，百二秦关终属楚；苦心人，天不负，卧薪尝胆，三千越甲可吞吴。

——(清)蒲松龄

被克服的困难就是胜利的契机。

——[古罗马]贺拉斯

一个最困苦、最卑贱、最为命运所屈辱的人，只要还抱有希望，便无所怨惧。

——[英]莎士比亚

第八章

侠者仁心

◦导读◦

　　有人说仗剑江湖、快意恩仇是为侠，还有人说除强扶弱、劫富济贫是为侠。其实不然，真正的侠者应该是身在江湖，心怀天下。套用金庸先生的话就是："侠之大者，为国为民"。

兼爱非攻身体力行是侠者根本

让我们回到两千多年前的春秋战国时期,去看看墨子所处的时代。墨子姓墨名翟,鲁国人,他是墨家学派的创始人。他与"士大夫"之后的孔子不同,墨子虽也饱读诗书,却出身于平民阶层,他是不依附于君王政治权力和土地、具有相当经济自由度的小手工业者,他当过工匠,擅长器械发明,木工技艺可以跟公输般媲美,会造大车,甚至用木片制成过会飞的老鹰。

墨子宣扬实施"兼爱""非攻"的和平主义救世纲领,即"天下人皆相爱","大不攻下,强不凌弱,众不暴寡","视人之国,若视其国;视人之家,若视其家;视人之身,若视其身"。墨子的兼爱思想,并把思想直接付诸行动,常年大范围奔走于诸侯之间宣传自己的主张,同时发明各种器械、战术进行积极的救守,把学生组织成一个具有战斗力的军事性团体,多次帮助弱小国家免受侵略。

一次,楚国的封君鲁阳文君准备攻打郑国。墨子立即前去规劝:"假如有一个人,家里放着吃不完的精米肉食,看到邻居家做面饼,却千方百计去窃。不知道他是生计无着,还是有偷窃病呢?"鲁阳文君答道:"有偷窃病。"墨子说:"楚国四境之内,荒芜之地不可胜辟,看见郑国的土地却想去占,这跟偷大饼的人有什么区别呢?"鲁阳文君于是不再攻郑。

墨子不是迂阔的儒生,他深知又讲道理,大国君主是不会放弃战争的,因而主张"深谋备御"。《墨子》一书中自《备城门》以下11篇,是与为大国攻伐献策的《孙子兵法》地位相当的小国防御守卫"宝典",详细地阐述了城

门的结构，各种防御设施的构造，弩、桔槔等各种攻守器械的制造工艺，以及水道和地道的构筑技术。

公元前440年，公输般帮助强大的楚国制造了攻城的先进武器云梯，准备侵略宋国。30多岁的墨子听到消息后，派300弟子前往宋城组织守城，他则徒步狂奔10昼夜，"裂裳裹足"，赶往楚国。在楚王面前，墨子和公输般展开了攻防预演，公输般用了9种机械攻城，被墨子的防御武器一一化解。公输般的攻城机械用尽了，可墨子的防御武器却还有余。最后，公输般说："我知道怎样击败你，但我不说。"墨子也说："我知道你想怎样击败我，我也不说。"楚王不明所以，墨子告诉他："公输子之意，不过欲杀臣。杀臣，宋莫能守，乃可攻也。然臣之弟子禽滑厘等300人，已持臣御守之器在宋城上而待楚寇矣。虽杀臣，不能绝也。"楚王只好放弃了攻宋的计划。

为了乌托邦般的救世梦想，墨子四处奔走，"摩顶放踵，利天下为之"。"平生足迹所及，则尝北之齐，西使卫，又屡游楚，前至郢，后客鲁阳，复欲适越而未果。"他是"清教徒"一样的人，注重节俭，劳身苦志，"量腹而食，度身而衣"，吃的是"藜藿之羹"，穿的是"短褐之衣"。

他的榜样是"形劳天下""自苦为极"的大禹，在个人物质生活方面，只取最低的标准，并主张"非礼""非乐"，反对上层社会的奢靡生活方式。

鲁迅先生说过："孔子之徒为儒，墨子之徒为侠。"墨子尝说："士虽有学，行为本焉"，墨家学问的指归在于践行。墨子与墨家弟子，高扬先秦时代士人"慷慨悲歌"的古典英雄精神，从而成为抑强扶弱的民间侠义精神的创始者和最早身体力行者。

逐梦箴言

胡虏无百年之运,唯大德方能成就大业。

知识链接

墨子,战国著名思想家、政治家。提出了"兼爱"、"非攻"、"尚贤"、"尚同"、"天志"、"明鬼"、"非命"、"非乐"、"节葬"、"节用"、"交相利"等观点,创立墨家学说,并有《墨子》一书传世。

我的未来不是梦

■ 铁骨铮铮，侠胆柔肠

王立群说，项羽是一个非常可用之人，却坐在了用人之人的位置上。这是项羽的悲哀。项羽，是个政治蠢材。但政治上的失败，无法遮掩项羽在军事上的才华。他 24 岁起兵反秦，27 岁成为分封十八路诸侯的西楚霸王，30 岁自刎乌江。他是一位当之无愧的英雄豪杰。

项羽小时候跟随叔父项梁生活，项梁曾教他读书，项羽学了没多久便厌倦了；后项梁又教他武艺，没多久又不学了；项梁对此非常生气，但项羽说："读书能够用来记姓名就行了，学武不过能敌得过一人，既要学便学万人敌！"于是项梁便教授他兵法。但他学了一段时间后又不愿意学了，项梁只好顺着他不再管他。项羽力能扛鼎，气压万夫，年少时志向便极为远大。后来终于做出了前无古人后无来者的大事业。

秦朝大厦倒塌之快，其内在外在有各种问题，但是给予大秦最沉重一击，使强悍的大秦再无能力开动其战争机器，无疑是项羽的天才之作——巨鹿之战。

有关巨鹿之战的政治背景，实在太复杂了，叙述起来很吃力，但只要稍有中国历史常识的人都知道，项羽到巨鹿后开始谋划对秦军来一场世纪豪赌，赌注就是自己的性命加上几万楚军，输则全军尽殁，身死当场；而赢则大秦的天下……

面临在自己面前的是种种不利，似乎是一场有败无胜毫无悬念的赌局。天才不愧是天才，项羽立刻就发现秦军的弱点——秦军布局是王离军围巨鹿，章邯军扎住其南边，一边筑甬道输米粟，一边随时对救助巨鹿的援

军打击,这两支军队像两只虎钳,牢牢地盯死猎物。而弱点就在两钳之间的心脏。项羽要直接实施黑虎掏心战术,只有切断两只虎钳的联系,集中力量攻其一只才可以有希望获胜。

为了得到更多的情报,让秦军露出破绽。项羽先派英布、蒲将军带上自己的两万人马渡河进攻秦军甬道。英布、蒲将军不负所望,击败看守甬道的秦军。从这场小胜利,项羽看到秦军的问题所在——甬道虚弱,而章邯军疲惫不堪,决定抓住时机全军进攻秦军,这个时候陈余又派人向项羽请战,项羽同意了。正好让陈余做出救赵的姿态吸引王离军的注意。项羽带着剩余的主力部队,全部渡河。在渡河之后,项羽发表即兴煽动演讲鼓舞士气,随后破釜沉舟,只带 3 天的干粮,以示"不战胜毋宁死"的大无畏精神。这里充分体现了项羽的战略眼光和权谋手段以及大无畏的决断力。首先项羽带着一只杂牌军,军队派系多,战斗力参差不齐,而项羽又是第一次指挥他们,很难指挥的得心应手。这样的情况下项羽充分运用了"陷之死地而后生,置之亡地而后存",把一支向心力不足的军队拧成一根绳,只有一起向前冲打败秦军才有活路。项羽这一招使楚兵的求战欲望异常高涨。后世研究者仅仅看到破釜沉舟后者的精神作用,而忽视了前者的诸多部署。项羽还命人打破作饭的锅,每人只带 3 天干粮。项羽不但要以劣势兵力击败秦军,还要用 3 天时间击败秦军!如果 3 天之内不能灭掉秦军夺取粮草,就算击败秦军还是一个死字!项羽莫非疯了?

项羽主力开始进攻,项羽把主力汇合在一起,直接进攻甬道,断王离军的粮草。章邯听到消息后,立刻带军援救甬道,正中项羽之计,项羽以逸待劳,大破章邯。章邯没有料到项羽孤注一掷,把所有筹码都压了上去,由于英布军前期的骚扰战的迷惑,章邯还以为项羽又在玩断粮游戏,搞搞破坏然后跑人(谁又能想到项羽如此高明如此不要命),连阵形都没有布置好就带军救援。这次项羽玩真格的,有心算无心,决战对救援,胜负可想而知!史记张耳陈余传:"项羽悉引兵渡河,遂破章邯。章邯引兵解……"

章邯遭遇大败,准备休整后再战。此时项羽击退章邯军后,立刻马不停蹄杀向毫无准备的王离军。王离军围巨鹿,防诸侯。这几天在防备陈余的虚张声势,突然听闻项羽领军杀来,大吃一惊。由于此刻阵形松散,只好命大将苏角仓促迎战。此时项羽早作好战斗部署,对松散的秦军实行穿

插、分割、包围，而项羽亲自带兵直攻秦军指挥中枢。史记中做了精彩的艺术描写："于是至则围王离，与秦军遇，九战，绝其甬道，大破之，杀苏角，虏王离。涉间不降楚，自烧杀。当是时，楚兵冠诸侯。诸侯军救钜鹿下者十余壁，莫敢纵兵。及楚击秦，诸将皆从壁上观。楚战士无不一以当十，楚兵呼声动天，诸侯军无不人人惴恐，于是已破秦军，项羽召见诸侯将，入辕门，无不膝行而前，莫敢仰视。项羽由是始为诸侯上将军，诸侯皆属焉。"这里太史公用了艺术化的描写，实际是项羽把秦军分割、独立后，项羽杀苏角，擒王离，九战九胜。诸侯看到形势有利，立刻加入痛打落水狗的行列。诸侯包围秦军，巨鹿城的赵军里应外合，全歼王离军，王离的大将涉间绝望放火自杀。曾经灭六国击败匈奴的雄师，就这样风消云散了！

项羽，就是这样一个军事奇才。他的事迹为后人赞叹和景仰。

彭城之战，面对险恶的政治、军事环境，项羽一个大胆的战略计划出笼：以诸将率领大军继续平定齐国，作为迷惑刘邦的手段。而自己亲自带领3万精兵绕道彭城后方，以彭城为钓饵引刘邦上钩，然后偷袭刘邦后方，尽灭刘邦军。项羽的作战计划出来，所有人都楞住了！此人傻了，他不但要以3万尽歼对方56万，还要长途奔波，设局偷袭！这可以说是前无古人，后无来者的一个疯狂计划！

还就是这个疯狂的计划让他实现了。彭城之战是中国大规模独立运用骑兵歼灭步兵的典范。战国时期，骑兵用于辅助没有独立作战及用骑兵冲锋的战例（主要是没有马镫，骑兵缺乏冲击力及长途奔波的持续力）。到了彭城之战，由于是偷袭战，主要用于骑兵踏营、冲散、驱赶造成敌人混乱而使骑兵第一次大规模独立冲锋作战。显然战果是辉煌的，给中国骑兵史大大写下一笔。就是这个彭城之战，显示出的项羽的非凡军事才华与智慧。项羽把大部队留在齐国迷惑刘邦，自己运用骑兵的机动性，绕道彭城西南的萧县。等待刘邦诸军全部进入彭城，混乱不堪，而且大将忙着部署北边建立防御，刘邦等主帅松懈的最佳时机，开始西出萧，向东进攻彭城。项羽选择的是早晨发动偷袭。选择早晨看得出项羽对时机把握的老辣，早晨敌人尚在睡梦中，正处于最疲惫的时候，突然遭遇大规模偷袭，其慌乱可想而知！而自己可以利用早晨天亮明了敌方情况，选择合适有效的战术最大消灭敌人。很多偷袭喜欢放在夜里，这样有利掩藏行踪。但是项羽此次

不光要造成敌方混乱,更要全歼敌军。

早在刘邦联军东进时,项羽就谋划以彭城为诱饵布局这场偷袭战。从战略上是个极其大胆冒险的战略。首先要分两线作战,既要保证战略偷袭的胜利,又要严防齐国趁机包抄。关键是在千里之外就要确定其战略奇袭的目标和刘邦联军的弱点,这不但要有丰富的军事经验和知己知彼的眼光,还要具备一颗坚定的不为外界所动的平常心。

项羽,是中国军事思想"勇战派"代表人物,是力能扛鼎气压万夫的一代英雄豪杰。司马迁这样评价道:"大政皆由羽出,号称西楚霸王,权同皇帝。位虽不终,近古以来未尝有也。"他的出现,为中国的历史掀起了一场风云,写下了一段不朽的神话。

逐梦箴言

纵观历史长河之内,英雄无数风流无尽,项羽的慷慨赴死报江东父兄,从容舍身慰男儿之身,如此气节,在他英雄之躯訇然倒地之时,腾空而起,凌云直上,流传千里,使后人遂有"至今思项羽,不肯过江东"之慨叹。宁可无愧而死,不肯惭愧而生。

知识链接

项羽(前232—前202),名籍,字羽。参加秦末义军,被楚义帝封为"鲁公"。在前207年的决定性战役巨鹿之战中统率楚军大破秦军,秦亡后自封"西楚霸王",统治黄河及长江下游的梁楚九郡,后在楚汉战争中的垓下之战为刘邦所败,逃亡至东城后自刎于乌江畔。

我的未来不是梦

金戈铁马任驰骋

■ 忠诚于国

　　鲁肃,字子敬,临淮东城人,三国时为吴国谋士。他一生的最大功绩是倡导、促成并终身不变地竭力维护孙刘联盟,使三足鼎立之势能够形成。他是一个真正的战略型军事家。

　　在我们熟知的《三国演义》里,鲁肃是一个平庸的愚鲁之辈,成为诸葛亮与周瑜之间斗智的小丑,经常被他们戏弄得哭笑不得。其实历史上真正的鲁肃不是这样的人。张大可评价他"有智有勇,堪与周瑜媲美,若论高瞻远瞩,深谋远虑,恐较周瑜还略胜一筹";易中天评价鲁肃"是一个很侠义,很豪爽的人,是一个很有政治头脑的人"。周思源说鲁肃"大智大勇、临危不惧、多谋善断、坦荡豪爽、能言善辩,堪称一代豪杰"。而黎东方说得更重:"孙权下面,懂得政治、深知非联络刘备便不能抵抗曹操,以保持江东的'独立王国',进一步问鼎中原的,只有鲁肃一人。"

　　鲁肃出生于东汉建宁五年(172)出生于一士族家庭;幼年丧父,由祖母抚养长大。他体貌魁伟,性格豪爽,喜读书、好骑射。东汉末年,他眼见朝廷昏庸,官吏腐败,社会动荡,常召集乡里青少年练兵习武。不久,爆发了黄巾起义,东汉王朝受到毁灭性的打击。东汉王朝在镇压农民起义的过程中,各地封建割据势力不断扩大,群雄四起,天下大乱。此时的鲁肃不仅不治家事,相反大量施舍钱财,卖出土地,以周济穷困,结交贤者。为此,深受乡民拥戴。

　　那时周瑜任居巢长,听说了鲁肃之名气,带数百人前来拜访,请他资助

一些粮食。当时，鲁肃家里有两个圆形大粮仓，每仓装有3 000斛米，周瑜刚说出借粮之意，鲁肃毫不犹豫，立即手指其中一仓，赠给了他。经此一事，周瑜确信鲁肃是与众不同的人物，主动与他相交，两人建立了如同春秋时公孙侨和季札那样牢不可破的朋友关系。

当群雄相互争夺的混战将要扩展到鲁肃家乡时，为了避害，鲁肃举家迁居东城。当时的东城，为袁术的辖地。袁术闻其名，请他出任东城长。但鲁肃发现袁术部下法度废弛，不足于成大事，率百余人南迁到居巢投奔周瑜。南迁时，他让老弱之人在前，自率敏捷强悍的青年在后。袁术得知鲁肃迁居，急速赶来阻拦。鲁肃排开精壮人等，张弓搭箭，对追兵说："你们都是男子汉，应该明白大势。方今天下纷纷离乱，有功，得不到赏赐，无功，也受不到责罚，为何要逼迫我呢?"说着，命人将盾牌立在地上，远远开弓射去，箭把盾牌都射穿了。追兵一方面觉得鲁肃的话有道理，一方面估计凭自己的力量也奈何不得他，只好退回。鲁肃顺利到达居巢。

后来，鲁肃率领部属百余人随周瑜到江南投奔孙权。孙权甚喜，请教天下大计。鲁肃说："汉室不可复兴，曹操不可卒除，为将军计，唯有鼎立江东，以观天下。"建安十三年(209)，曹操率20万大军南下。孙权部下多惧曹军势力，是降是和，大家意见纷纷，莫衷一是;而鲁肃与周瑜力排众议，坚决主战。鲁肃私下劝孙权说："我们这些做臣子的投降曹操，仍可谋得一官半职，你若投降可就没有安身之地了。"孙权醒悟，决心抗曹。接着鲁肃与周瑜又建议孙权联合刘备，共抗曹操。结果，孙、刘联军大败曹军于赤壁，从此，奠定了三国鼎立格局。

我们熟知的赤壁之战，孙刘两家以弱胜强，打败了曹操，这在很大程度上归功于鲁肃和诸葛亮的精心谋划。赤壁战后，曹操的实力仍然比刘备、孙权强大。作为一个高瞻远瞩的政治家，鲁肃对此非常清楚。他认为，无论是东吴孙权还是占据荆州的刘备，都不足以与曹操抗衡。摆在两家面前的有3条路:一是联合抗曹;二是各自为战;三是不战而降，归附曹操。只有走联合抗曹的道路，才是正确的选择。所以，他终生不渝地坚持这一战略方针，并为之竭尽全力。

公元215年，刘备取益州，孙权令诸葛瑾找刘备索要荆州。刘备不答应，孙权极为恼恨，便派吕蒙率军取长沙、零陵、桂阳三郡。长沙、桂阳蜀将当即投降。刘备得知后，亲自从成都赶到公安（今湖北公安），派大将军关羽争夺三郡。孙权也随即进驻陆口，派鲁肃屯兵益阳，抵挡关羽。双方剑拔弩张，孙刘联盟面临破裂，在这紧要关头，鲁肃为了维护孙刘联盟，不给曹操可乘之机，决定当面和关羽商谈。"肃邀羽相见，各驻兵马百步上，但诸将军单刀俱会"。双方经过会谈，缓和了紧张局势。随后，孙权与刘备商定平分荆州，"割湘水为界，于是罢军"，孙刘联盟因此能继续维持。

王士祯曾这样咏叹：

> 将相江东美，
>
> 英风压上流。
>
> 鲁公最忠烈，
>
> 慷慨借荆州。

赤壁战后，刘备派人谒见孙权，请求借荆州。吕范等将领劝孙权扣留刘备。周瑜在外地，也上疏陈说此意。唯鲁肃从全局考虑，劝孙权把荆州借给刘备，以结成孙刘联盟，共同抗曹。鲁肃说："您（孙权）固然神武盖世，但曹操的势力太大了。我们刚刚占有荆州，恩德信义尚未广行于民众。如果把荆州借给刘备，让他去安抚百姓，实是上策。因为这样一来，曹操多了一个敌人，我们多了一个朋友。"孙权同意了鲁肃的主张。曹操闻孙权借荆州给刘备的消息时，正在写信，震惊之下，落笔于地。

总之，鲁肃不仅具有一个大政治家的胆略、卓识和政治的、军事的和外交的才能，而且还具有不为一己私利，忠诚于国家大业的可贵品质。因此，在三国众多英雄人物中，东吴的鲁肃可说是叱咤风云的"人杰"，"推魏氏百胜之举，开孙权偏王之业，威震天下，名驰四海"。在那个精英荟萃的时代，鲁肃为东吴立下了不朽的功勋。

逐梦箴言

助人者，人助之。心怀天下者，天下成就之。

知识链接

鲁肃(172—217)，字子敬，临淮东城(今安徽定远县永康)人，东汉末年东吴著名的政治家、军事家、外交家，为东吴策划天下大势，在周瑜去世后接掌前线军事，力主与刘备势力联合对抗曹操。

■ 和平信使乐毅

没有史书记载乐毅留下的军事理论，但史上无人能够否认他是一个杰出的军事家。但他曾指挥燕赵联军，连克齐国70余城。后来，即使他与燕王有隙而投赵国，他也没有公报私仇，大事杀伐，而是客居两国，互通友好，成为两国的信使。

乐毅很贤能，喜好军事，赵国人曾举荐他出来做官。到了武灵王在沙丘行宫被围困饿死后，他就离开赵国到了魏国。后来他听说因为子之执政，燕国大乱而被齐国乘机战败，因而燕昭王非常怨恨齐国，不曾一天忘记向齐国报仇雪恨。燕国是个弱小的国家，地处偏远，国力是不能克敌制胜的，于是燕昭王降低自己的身份，礼贤下士，他先礼尊郭隗借以招揽天下贤士。正在这个时候，乐毅为魏昭王出使到了燕国，燕王以宾客的礼节接待他。乐毅推辞谦让，后来终于向燕昭王敬献了礼物，表示愿意献身做臣下，燕昭王就任命他为亚卿，他担任这个职务的时间很长。

当时，齐国很强大，南边在重丘战败了楚国，西边在观津打垮了魏国和赵国，随即又联合韩、赵、魏三国攻打秦国，还曾帮助赵国灭掉中山国，又击破了宋国，扩展了1000多里的领土。齐国国君齐湣王与秦昭王共同争取尊为帝号，不久他便自行取消了东帝的称号，仍归称王。各诸侯国都打算背离秦国而归服齐国。可是齐湣王自尊自大很是骄横，百姓已不能忍受他的暴政了。燕昭王认为攻打齐国的机会来了，就向乐毅询问有关攻打齐国的事情。乐毅回答说："齐国，它原来就是霸国，如今仍留着霸国的基业，土

地广阔,人口众多,可不能轻易地单独攻打它。大王若一定要攻打它,不如联合赵国以及楚国、魏国一起攻打它。"

于是昭王派乐毅去与赵惠文王结盟立约,另派别人去联合楚国、魏国,又让赵国以攻打齐国的好处去诱劝秦国。由于诸侯们认为齐湣王骄横暴虐对各国也是个祸害,都争着跟燕国联合共同讨伐齐国。乐毅回来汇报了出使情况,燕昭王动员了全国的兵力,派乐毅担任上将军,赵惠文王把相国大印授给了乐毅。乐毅于是统一指挥着赵、楚、韩、魏、燕五国的军队去攻打齐国,在济水西边大败齐国军队。这时各路诸侯的军队都停止了攻击,撤回本国,而燕国军队在乐毅指挥下单独追击败逃之敌,一直追到齐国都城临淄。齐湣王在济水西边被打败后,就逃跑到莒邑并据城固守。乐毅单独留下来带兵巡行占领的地方,齐国各城邑都据城坚守不肯投降。乐毅集中力量攻击临淄,拿下临淄后,把齐国的珍宝财物以及宗庙祭祀的器物全部夺取过来并把它们运到燕国去。燕昭王大喜,亲自赶到济水岸上慰劳军队,奖赏并用酒肉犒劳军队将士,把昌国封给乐毅,封号叫昌国君。当时燕昭王把在齐国夺取缴获的战利品带回了燕国,而让乐毅继续带兵进攻还没拿下来的齐国城邑。

乐毅留在齐国巡行作战 5 年,攻下齐国城邑 70 多座,都划为郡县归属燕国,只有莒和即墨没有收服。这时恰逢燕昭王死去,他的儿子立为燕惠王。惠王从做太子时就曾对乐毅有所不满,等他即位后,齐国的田单了解到他与乐毅有矛盾,就对燕国施行反间计,造谣说:"齐国城邑没有攻下的仅只两个城邑罢了。而所以不及早拿下来的原因,听说是乐毅与燕国新即位的国君有怨仇,乐毅断断续续用兵故意拖延时间姑且留在齐国,准备在齐国称王。齐国所担忧的,只怕别的将领来。"当时燕惠王本来就已经怀疑乐毅,又受到齐国反间计的挑拨,就派骑劫代替乐毅任将领,并召回乐毅。乐毅心里明白燕惠王派人代替自己是不怀好意的,害怕回国后被杀,便向西去投降了赵国。赵国把观津这个地方封给乐毅,封号叫望诸君。赵国对乐毅十分尊重优宠借此来威慑燕国、齐国。

齐国田单后来与骑劫交战,果然设置骗局用计谋迷惑燕军,结果在即

金戈铁马任驰骋

墨城下把骑劫的军队打得大败,接着辗转战斗追逐燕军,向北直追到黄河边上,收复了齐国的全部城邑,并且把齐襄王从莒邑迎回都城临淄。

燕惠王很后悔派骑劫代替乐毅,致使燕军惨败损兵折将并丧失了占领的齐国土地;可是又怨恨乐毅投降赵国,恐怕赵国任用乐毅乘着燕国兵败疲困之机攻打燕国。燕惠王就派人去赵国责备乐毅,同时向他道歉说:"先王把整个燕国委托给将军,将军为燕国战败齐国,替先王报了深仇大恨,天下人没有不震动的,我哪里有一天敢忘记将军的功劳呢!正遇上先王辞世,我本人初即位,是左右人耽误了我。我所以派骑劫代替将军,是因为将军长年在外,风餐露宿,因此召回将军暂且休整一下,也好共商朝政大计。不想将军误听传言,认为跟我有不融洽的地方,就抛弃了燕国而归附赵国。将军为自己打算那是可以的,可是又怎么对得住先王待将军的一片深情厚意呢?"

乐毅写了一封回信给惠王,信中说到,善于开创的不一定善于完成,开端好的不一定结局好。从前伍子胥的主张被吴王阖闾采纳,吴王带兵一直打到楚国郢都;吴王夫差不采纳伍子胥的正确建议,却赐给他马革囊袋逼他自杀,把他的尸骨装在袋子里扔到江里漂流。吴王夫差不明白先前伍子胥的主张能够建立功业,所以把伍子胥沉入江里而不后悔;伍子胥也不能预见君主的气量、抱负各不相同,因此致使被沉入江里而死不瞑目。免遭杀身之祸而建功立业,彰明发扬先王的事迹,这是我的上策。遭到侮辱以至诽谤,毁坏先王的名声,这是我所最害怕的事情。面临难以预测的罪过,把幸免于杀身之祸作为个人渔利的机会,这是恪守道义的人所不敢作出的事情。我听说古代的君子,绝交时不说别人的坏话;忠良的臣子离开原来的国家,不洗雪自己的罪过和冤屈。我虽然无能,但多次聆听君子的教导了。我恐怕先王侍从听信左右近臣的谗言,不体察被疏远人的行为。所以献上这封信把我的心意告诉您。希望君王留意吧。

于是燕惠王彻底醒悟了,把乐毅的儿子乐间封为昌国君;乐毅并不回到燕国,而是选择往来于赵国、燕国之间,与燕国重新交好,燕、赵两国都任用他为客卿。最后乐毅死于赵国。

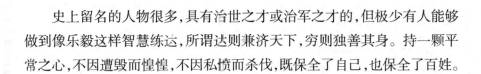

史上留名的人物很多，具有治世之才或治军之才的，但极少有人能够做到像乐毅这样智慧练达，所谓达则兼济天下，穷则独善其身。持一颗平常之心，不因遭毁而惶惶，不因私愤而杀伐，既保全了自己，也保全了百姓。

逐梦箴言

以才能利一己，总招致韩信之毁败；以才能利天下，方有乐毅之善终。

知识链接

乐毅，战国时期燕国名将，事燕昭王，攻下齐国七十余城。封昌国君，又在赵国讨望诸君。

■ 仁义智勇的化身

美国圣地亚哥加州大学人类学系教授、芝加哥大学人类学博士Davidk jordan（汉名焦大卫）先生曾说过一段很有意思的话："我尊敬你们的这一位大神，他应该得到所有人的尊敬。他的仁、义、智、勇直到现在仍有意义，仁就是爱心，义就是信誉，智就是文化，勇就是不怕困难。上帝的子民如果都像你们的关公一样，我们的世界就会变得更加美好。"

关羽本字长生，后改云长，据《三国演义》描写，关羽身长九尺，髯长二尺；丹凤眼，卧蚕眉，面如重枣，唇若涂脂，使青龙偃月刀，胯下赤兔马，是汉中王刘备的五虎上将之首。死后受民间推崇，一直是历来民间祭祀的对象，被尊称为"关公"，洛阳关帝阁专门从事关公的开光事宜，又经历代朝廷褒封，清代时被光绪帝奉为"忠义神武灵佑仁勇显威护国保民精诚绥靖翊赞宣德关圣大帝"，崇为"武圣"，与"文圣"孔子齐名；还被称作"关夫子"；最后被封为"盖天古佛"。佛教中称其为"伽蓝菩萨"。

关羽刚出道的时候，跟刘备、张飞结为兄弟，哥仨一起追随了公孙瓒。这时曹操招兵买马，会合袁绍、公孙瓒、孙坚等十七路兵马，攻打董卓。刘备、关羽和张飞追随公孙瓒一同前往。董卓大将华雄打败了十八路兵马的先锋孙坚，又在阵前杀了两员大将，非常得意。十八路诸侯都很惊慌，束手无策，袁绍说："可惜我的大将颜良、文丑不在，不然，就不怕华雄了。"

话音刚落，关羽高声叫道："小将愿意去砍下华雄的脑袋！袁术认为关羽不过是个马弓手，就生气地说："我们十八路诸侯大将几百员，却要派一

个马弓手出战,岂不让华雄笑话。"关羽大声说:"我如果杀不了华雄,就请砍下我的脑袋。"曹操听了,十分欣赏。于是,就倒了一杯热酒,递给关羽说:"将军喝了这杯酒,再前去杀敌。"关羽接过酒杯,又放在桌上说:"等我杀了华雄再回来再喝吧!"说完,提着大刀上马去了。

一会功夫,关羽就提着华雄的脑袋回到军营,曹操连忙拿起桌上的酒杯递给他,此时,杯中的酒还是热的。这就是著名的"温酒斩华雄"的故事。

另一个让人感动的故事叫"千里走单骑"。

曹操做了汉朝的丞相以后,不把皇帝放在眼里,国舅董承自从看了皇帝写在衣带上的诏书,又苦无对策除掉曹操,心里愤慨、忧虑,便病倒了。献帝让太医吉平来给他治病。吉平也看了皇帝密诏,决心要除掉曹操。于是他跟董承商议找机会毒死曹操,不料隔墙有耳,这事让董承的一个家奴知道了。这个农奴因与董承的小老婆有暧昧关系,被董承杖打四十,一直在心里恨着呢。他听见了此事,就向曹操告了密。

曹操是什么人啊?他很快就设计杀了吉平和董承,然后就开始收拾所有参与此事的人。刘备也参与了这事。

曹操领 20 万大军,分五路杀句徐州,要捉刘备。刘备派谋士孙乾向袁绍求救,袁绍因小儿子生病命在旦夕,不愿出兵。只答应刘备不如意时可投奔他。

曹操兵马攻到城下,刘备无计可施,听了张飞的话,连夜去曹营劫寨。谁知却中了曹操埋伏,刘备、张飞各自走散了,刘备一人骑马投奔了袁绍,张飞则逃到芒砀山暂住。

曹操攻下了徐州,又来攻下邳,关羽保护着刘备妻子等家小,被曹操军马包围在一座山头上。

张辽上山劝关羽投降曹操,关羽本来可以一个人杀出重围,但他不忍心看着刘备的家眷落在曹操手里。思考再三,他答应降曹,但提出了 3 个条件:一、只降汉朝,不降曹操;二、用刘备的俸禄养他的两位嫂子;三、一旦知道刘备的下落,便要去寻找他。

爱才的曹操答应了。关羽保护着刘备的两位夫人随曹操往许都,途中

曹操故意让关羽与二位嫂子同住一室。关羽一手拿着烛火，一手拿刀，通宵站于户外。曹操非常敬佩。

曹操对关羽三日一小宴、五日一大宴，又送美女和金银财宝无数。关羽让美女服侍嫂嫂，财物则交嫂嫂暂时收藏。曹操又将吕布的赤兔马送给了关羽，关羽再三拜谢。曹操感到奇怪，问他为什么以前得到东西从不感激，而今天却再三拜谢。关羽说有了这千里马，他便可早一天找到他的大哥刘备。曹操听了之后，感到非常后悔。

袁绍起兵攻打曹操，曹操领 5 万兵马迎战。袁军先锋颜良勇不可当，连斩曹将宋宪、魏续。谋士程昱建议曹操改派关羽迎战颜良，让袁绍仇恨关羽而杀了刘备。关羽感谢曹操的照顾，便杀了袁绍的大将颜良，后来又斩了袁绍的另一大将文丑。曹操大胜。袁绍知道是刘备的二弟杀了颜良、文丑，便叫人绑了刘备。刘备说："曹操故意先让关羽杀两将以激怒你，再借你的手来杀我。我马上写信让关羽到河北来投靠你，如何？"袁绍听了非常高兴，便不杀刘备了。

关羽见到刘备的书信，便向曹操告辞，曹操故意避不见面。关羽将曹操过去送他的财物、美女全部留下，将自己的汉寿亭侯大印挂在营中，留给曹操一封书信，护着二位嫂嫂找刘备去了。

关羽一路向前，一心一意，保护二位嫂嫂。

来到东岭关，守将孔秀说没看见曹操的文书，阻拦关羽过关，便被关羽杀了。

洛阳太守韩福又拦阻关羽，牙将孟坦向关羽挑战，被关羽砍为两段，韩福用暗箭射中关羽左臂，关羽用口拔掉箭，飞马斩了韩福。

关羽到了汜水关，守将卞喜在镇国寺埋伏刀斧手 200 人，约定以摔杯为暗号，要杀关羽。寺中主持普净和尚是关羽的同乡，将卞喜的阴谋告诉了关羽，关羽大怒便斩了卞喜。

关羽到了荥阳，荥阳太守王植是韩福的亲戚，要杀关羽为韩福报仇，所以暗中准备要放火烧死关羽。王植手下的胡班将王植的阴谋告诉了关羽，关羽急忙上路，王植带兵追来，被关羽杀了。

关羽到了黄河口，守将秦琪不放关羽渡河，又被关羽杀了。

这就是著名的"过五关斩六将"的故事。

关羽历经千辛万苦，终于跟刘备和张飞重逢了。兄弟三人抱头大哭。

后人把关羽当成武圣。凝聚在关羽身上而为万世共仰的忠、义、信、智、仁、勇，蕴涵着中国传统文化的伦理、道德、理想，渗透着儒学的春秋精义，并为释教、道教教义所趋同的人生价值观念，实质上就是彪炳日月、大气浩然的华夏魂。

逐梦箴言

能征惯战，仅是名将；宅心仁厚，才是武圣。

知识链接

关羽（162—220），字云长，本字长生，河东解县（今山西运城）人，东汉末年三国时期刘备集团重要将领。在曹营数年忠心不改，得知刘备下落后，挂印封金，千里走单骑投奔刘备。刘备入蜀后由其统领荆州，其间挥师北伐，威震华夏。因其忠义备受中华文化历代推崇，由于其忠义和勇武的形象，多次被后代帝王褒封，直至"武帝"。

我的未来不是梦

■ 人性的胜利

如果个性配以自身素质附加在一个伟大人物的身上,必将成就一番伟业。美利坚合众国首任总统乔治·华盛顿就是这样。

华盛顿是个伟人,既是一位杰出的政治家,也是一位出色的军事家。

从军事的角度这样评价华盛顿,有其内在的道理——由于他的军事成果,成就了一个前所未有国家,这个国家发展到今天已经是世界头号强国,这就是美国。

个性的伟大在华盛顿身上体现得淋漓尽致。他的个性体现在道德方面,呈现的是一种美德。

华盛顿的美德为世人所敬仰。而他在评价自己时也这样说过:"我希望我将具有足够的坚定性和美德,藉以保持所有称号中,我认为最值得羡慕的称号:一个诚实的人。"

虽然我们无法确知华盛顿是怎样承袭着祖先的血脉,秉持着一种为人的优良品质,但从他的成长经历上可以看出,华盛顿成长的每一步都以一种真诚的内心对待这个世界。

1732 年 2 月 22 日,华盛顿出生在北美英属殖民地弗吉尼亚的一座庄园内。

华盛顿在少年时代就表现出了正直诚实的品格,秉持着这种品格,华盛顿与兄弟姐妹和睦相处,与同学伙伴真诚相待,赢得了大家的敬佩。有一个华盛顿的少年事例很能说明问题。

因为好奇,华盛顿砍倒了一棵父亲非常喜爱的樱桃树。父亲发现情况时的盛怒使小小的华盛顿看到了即将被暴打一顿的结果,但他并没有逃避、隐瞒真相,真诚而勇敢地承认了自己的错误。

当然,父亲面对真诚地孩子,并没有拳脚相加,而是对诚实的品性给予鼓励。可以想象,这一定强化了少年华盛顿对诚实的认识,对他在未来的成长保持诚实的品性起到极大的作用。

——艰苦的生活需要华盛顿真实地面对。

还在华盛顿十多岁时,父亲便离开人世,这给华盛顿以沉重打击,原本无忧无虑的生活顿时全然不同。

华盛顿的父亲有着庞大的遗产,根据当时的法律,大部分遗产都归属了华盛顿同父异母的哥哥。而年岁尚小的华盛顿只能跟着母亲过起艰难的生活。

华盛顿毕生都没有读过大学,也没有受过完整的中学教育。但华盛顿非常注重自学,通过自学,他掌握了很多知识,还具备了很多扎实的技能。

华盛顿最突出的技能就是测量工作,这种四处奔波的测量工作对青年华盛顿的成长具有一种特殊的意义。

"整天到处奔走,一到晚上,在烤火堆的旁边,随便找一点东西,枯草也好,稻草也好,马草也好,熊皮也好,总之,只要是找到什么就用什么,大家都挤在一起睡觉。睡在靠火最近的人,就算是最幸运的了。"这就是华盛顿对当时艰苦生活的具体感受。

西部特有生活的磨砺给了华盛顿独特的养分,培养了他勇于开拓的精神和踏实勤勉、吃苦耐劳的作风,使华盛顿具备了作为开拓者应有素质。而且,具有特殊意义的是,华盛顿的测绘技能以及对莽原生活的了解,都在他未来的率军打仗中起到了宝贵的作用。

1752 年之后,华盛顿的生活发生了重大变化,他的异母哥哥不幸去世,20 岁的华盛顿继承了哥哥庞大的遗产;而最具历史意义的是,华盛顿还继承了哥哥在俄亥俄公司的职务,被任命为陆军少校,担任了北军司令官的职务。

华盛顿的个性加上特有的历史环境,铸成了华盛顿未来的里程碑。

我的未来不是梦

155

金戈铁马任驰骋

此时,华盛顿所在的俄亥俄地区经常被法国军队侵扰,作为殖民者的英国当然不能让自己的利益旁落他国之手。俄亥俄总督奉英王之命欲警告入侵的法国军队。作为英属殖民地的军官,华盛顿勇于担当,冒着生命危险,穿越莽林,历尽磨难,寻找到了法国军队的主帅,出色地完成了任务。

与其说这是华盛顿作为军人取得的成绩,不如说这是华盛顿个性品质及生活经验到达的结果。

在抢夺殖民地利益上,谁肯甘休!接下来的事态发展到了英军与法军对峙进而交战的局面。作为军人的华盛顿参加了这场战争。在战斗,他中浴血奋战,不畏牺牲,尽忠职守。华盛顿的行为得到了人们的高度赞扬。

"这是一个勇敢有为的青年,是一个可信赖的人。这个年轻人的身体内,奔流着足以肩负重任的贵族血液。"当时的富兰克林是这样称赞华盛顿的。

——此时,华盛顿身上优良的品质已经得到人们的赞赏。

法军的强势侵入使整个美洲殖民地都笼罩上了恐怖的阴云。守卫疆土成了全美最为紧迫的任务。此刻,人们把目光集中到了华盛顿身上。

为什么人们对华盛顿会如此青睐?华盛顿虽有过战斗经历,但并没有辉煌战绩。究其原因,艰难困苦中最需要的就是挺身而出、不屈不挠、坚忍不拔的人,人们看重的就是华盛顿身上的这种特质。

此时,华盛顿热病在身,但他毅然地但当起了这个重任,承担起弗吉尼亚民兵司令的职务。未来的事实将告诉人们,这种选择是正确的。在极度的险境中,华盛顿一步一步地建立起了抗击侵略者的阵地,并最终在决定性的杜凯纳要塞攻坚战中取得了胜利。

随后,华盛顿解甲归田——这才是华盛顿想要的生活。

此时,26岁的华盛顿已经是有妻室的人,而且还当选为州议会的议员,他要过一种平和安稳的新生活。华盛顿凭借精明的头脑和诚实的品行把产业经营得井井有条,最终成为当地最富有的年轻人。

但是,作为殖民地的一员,华盛顿和其他人一样,越来越受到来自殖民者英国的专制压迫;在经营农场、手工作坊的过程中,饱尝了英国殖民当局

限制、盘剥之苦。

1765 年，英国政府关于要在美洲实施印花税的声明，掀开了美洲这个殖民地的反抗浪潮；为争取自身的应有权益，北美 13 个殖民地空前地团结了起来，有了一个奋斗目标。在北美人们的强烈抵制下，印花税无法实施，英国殖民者又转换手段增加新税。这激起了人们更为强烈的抵制，北美殖民地愤怒的火焰炽烈地燃烧起来。一种强烈的手段就是抵制进口英国货。

作为议会议员的华盛顿敏感地觉察到了一种危机即将来临，他坚决地加入到了反对殖民统治的行动中来。

他在一封信中曾表达过这样的信念："不管是谁，在维护神圣的自由的时候，绝不能迟疑……非使用武器做最后的手段不可。"

随后，华盛顿在议会提出了"不买英国货，不用英国货，不进口英国货"的议案并获得通过。

在殖民地人们的强烈抵制下，英国当局不得不做出退让，可是，掀起来的浪潮已经很难再平复下去了，因为通过一系列的事件，问题的实质已经摆在了人们的面前，这不是简单的税收问题，这是关系到全体殖民地的正义能否伸张的问题。华盛顿清楚地认识到了这点。

至此，决定美国命运的时刻即将到来。

1774 年 9 月，第一次大陆会议在费城召开。华盛顿作为弗吉尼亚的代表出席了这次具有历史意义的会议，发出以武力抗争的声音。

1775 年 4 月，列克星敦镇响起了武装抗英的第一枪，第二次大陆会议随即召开。战争势在必行，军队必须建立。那么，军队的最高指挥由谁来担任呢？作为重要议员的约翰·亚当斯给出了一个答案：这个人应该具有作为一个军人所必不可少的高洁的人格、伟大的才能、宽容的美德、优秀的技能与经验，以及在人们心目中的声望。

——合乎这些条件的人就是华盛顿。

这一次，又是人格决定了华盛顿的命运走向，这也奠定了北美人民未来命运的基础。

最终，华盛顿被推选为大陆军总司令，此时，他 43 岁。

我的未来不是梦

对此,谦逊的华盛顿不敢设想,但勇于担当又是他的品性。"我不认为我能胜任这个指挥官的光荣职位,但我会以最大的诚意接受职位,并且,全力以赴"。由此开始了长达8年的艰苦卓绝的美国独立战争。

——这是华盛顿军事生涯的重要时刻。

争取自由与独立的渴望是强烈的,但必须付出血的代价。人们的情绪是高涨的,但战争的残酷性超出了一般人的想象。

华盛顿的内心时常感到无助与焦虑,因为他是个正直真诚的人。因为正直与真诚,使他能够正视残酷的现实。出现在他面前等待他领导的有很多是一群这样的士兵:有的是扛着一支鸟枪自己跑来的,有的是穿着工作服赶来的,更些是穿着宽大的手织土布衣服志愿参加部队的。最艰难的时候,他的军队甚至食不裹腹,衣不蔽体。这些令华盛顿不能不感到担心,但他的勇敢与担当的品质又让他必须战胜困难。作为一个人,必须有做人的尊严;而作为一个军队的指挥官,个人的尊严又代表了全军的尊严、全体人民的尊严。此时,他的智慧与才华充分展示出来,他在多年生活中得到的宝贵经验体现了出来。尤其是在最困难的时刻、在最危险的生死关头,华盛顿表现出的非凡的意志与坚定的信念给人以鼓舞和激励,这使人们确信,一定会取得最后的胜利。

经过华盛顿的艰苦努力,一支组织松散、训练不足、装备落后、给养匮乏,主要由地方民军组成的队伍被锻炼成为一支能与英军正面抗衡的富有战斗力的正规军,终于在1783年打败英军,赢得了独立战争的彻底胜利。

如果说这场胜利能够称其为华盛顿的胜利,那么,华盛顿的胜利,就是人格品质的胜利,是这种个性特征引领着华盛顿的行动,做出了超凡的伟业。

房龙对华盛顿作非常准确而中肯的评价:"在这个伟大的美国人身上,确实不存在太过于复杂的事情。他不算一位伟大的军事统帅,他缺乏像亚历山大或拿破仑那样的军事天才;他不算是一个富有创造性的政治家,因为精明的富兰克林是他无可争议的老师;如果作为一名演说家,他也没有吸引观众的技巧;他也从未沉醉于独到的、具有创造性的思想。"华盛顿想要的只是"自由,那种如其先祖在英格兰生活时的自由。"这就是房龙笔下的华盛顿。

而华盛顿之所以取得了辉煌的成就,房龙说,"只能用一个词:个性!"

美利坚合众国独立了,8 年的时间完成了一个改变世界历史的重大进程。

新的国家将走向何方?全美国人们关注着,华盛顿也关注着。

政治的诱惑总是牵引着那些高高在上的人物,使他们做出各种选择,面对这些选择,个人的理想发挥着极强的动力,而每个人的品性又左右着选择的方向。

美国的国家政治面临着选择。

1787 年,美国制宪会议在费城召开,华盛顿担任主席,经过与会者的集体智慧,最终通过了美国宪法。从此,这个新兴的国家得以在宪法的轨道上生存与发展。

随后,华盛顿被众望所归地推选为美利坚合众国第一任总统,进而连续任职了第二届总统。

可以说,在独立战争刚刚结束的时候,华盛顿就已经对卸下军装回归田园充满了渴望,他非常留恋那温暖而宁静的家,但是,民心所向,对这个国家尽自己的义务应是义不容辞的。

从此,华盛顿谨言慎行、战战兢兢地履行起了自己的职责,恪尽职守,堪称楷模。

华盛顿在第二届总统任期即将届满时,坚决不再接受担任第三届总统的请求,毅然引退。华盛顿认为:"同一个人长时期地占据总统的位子,就有专制的危险。"

1796 年 9 月,华盛顿发表了著名的《告别演说》,"对于所有的国家,要保持信义和正义,要培养和平与协调。我们对于全世界的国家,都应该培养起一种正直而亲睦的感情。"他忠告美国人民珍视团结,维护统一,服从法治。

1797 年 3 月,他向继任者亚当斯和平移交了权力,至此,我们也找到了华盛顿梦想的归宿——自由,自由的生活。

华盛顿领导缔造了一个崭新的国家,却不贪恋权力,拒绝诱惑,使这块新大陆彻底摆脱了君主制的阴影。他开创了总统任期不超过两届的先例

我的未来不是梦

（此后唯一的例外是罗斯福总统在第二次世界大战的特殊时期连任三届总统）。因其对美国独立作出重大贡献，被尊为美国国父。

由此，我们看到，作为一个军事家，华盛顿所有的战略与战术完全依赖于自身的品性，如果我们评价华盛顿的军事胜利，我们更应该评价华盛顿的人格胜利。

逐梦箴言

华盛顿不想战争，他的理想是自由的生活，但他并不畏惧战争，当历史选择了他，他能够真诚面对，哪怕是千难万险，这就是华盛顿成功的理由。

知识链接

1787年美国制宪会议：1787年美国13个州为修改《邦联条例》而在费城召开制宪会议。会议通过了《1787年联邦宪法》，是近代西方国家第一部成文宪法。宪法以立法、行政、司法的三权分立为国家机构的组织原则。实行总统制；国会是立法机关，由参、众两院组成；司法权属最高法院，大法官任职终身。宪法对加强联邦政府权力，巩固资产阶级统治有很大作用，沿用至今。

总统山：即拉什莫尔山国家纪念公园，俗称美国总统公园、美国总统山、总统雕像山，是一坐落于美国南达科他州基斯通附近的美利坚合众国总统纪念公园。公园内有4座高达60英尺的美国历史上著名的前总统头像，他们分别是华盛顿、杰斐逊、老罗斯福和林肯，这4位总统被认为代表了美国建国150年来的历史。

·格 言·

上下同欲者胜。

——《孙子》

仁者无敌。

——(战国)孟子

兴天下之利,除天下之害。

——(战国)墨子

仁者,以天下为己责也。

——(宋)朱熹

珍惜在我们前进道路上降临的善,忍受我们之中和周围的恶,并下决心消除它。

——[英]赫胥黎

我的未来不是梦

第九章

文韬武略，撰写经典

◦导读◦

人类的进步源于知识的积累，军事科学也是如此。很多军事家的伟大不仅仅在于其创造的一个个辉煌的战绩，还在于他们将自己的经验、乃至理论著书立说，传诸后人。

西方兵圣克劳塞维茨

卡尔·菲利普·戈特弗里德·冯·克劳塞维茨是德国军事理论家和军事历史学家，普鲁士军队少将。著有《战争论》一书。虽然这本书没有最后完成，但也十分珍贵。

《战争论》是克劳塞维茨在总结以往战争特别是拿破仑战争的基础上写成的，全书共 3 卷 8 篇 124 章；另有说明、作者自序，及作者在 1810 年至 1812 年为普鲁士王太子讲授军事课的材料、关于军队的有机区分、战术或战术学讲授计划和提纲等附录，约 70 余万字。第一篇，论战争的性质；第二篇，论战争理论；第三篇，战略概论；第四篇，战斗；第五篇，军队；第六篇，防御；第七篇，进攻（草稿）；第八篇，战争计划（草稿）。尽管这本书是一部尚未完成的著作，但由于克劳塞维茨注意运用德国古典哲学的辩证法考察战争问题，因而阐发了诸如："战争无非是政治通过另一种手段的继续" 等一系列在战争理论中引起一场革命的主要思想。

克劳塞维茨出生在普鲁士马格德堡的一个贵族家庭，12 岁时参加了普鲁士军队，13 岁第一次走上了战场。他的一生经历了无数次战役，亲历过很多场战争。他的《战争论》至今还在被研究和学习，当我们看到他的战争论述，没有人知道，他的军事理论都是自学的。他甚至还当过军官学校的校长，并且为普鲁士三子讲授军事课。

在担任军官学校校长的 12 年中，克劳塞维茨为后人留下了大量的资料，其遗孀玛丽整理出版了《卡尔·冯·克劳塞维茨将军遗著》。这部巨著

共 10 卷。著名的《战争论》是其前 3 卷,后 7 卷为战史战例,包括了 1566
— 1815 年中大小 130 余例会战,记述了荷兰独立战争、古斯塔夫二世·阿
道夫战争、腓特烈大帝战争、拿破仑战争、1812 年俄国卫国战争和 1813 年
德意志解放战争等。

克劳塞维茨是第一个对于战争的调查分析感兴趣的军事理论家。他
对于战争的各个方面,就他所见所学,做了认真、系统、富有哲学性的调查
研究。而他一生中最重要的成果,就是西方战争艺术的奠基石《战争论》。
他对于战争的思考是如此的细致,以至于在他去世时仅仅只完成了部分的
工作。即使是在他将要去世前不久的 1827 年,他还在寻求修改他的作品,
以便包含更多的反例和除了国与国之间战争的别的形态的战争,但是很遗
憾这些修改并没有包含在已经出版的文集之中。在此之前的其他的军人
也曾写过对于军事,对于战争的观点,但是不曾有一个人对于战争进行过
像克劳塞维茨和今天的军事家的理性的和富有哲理的思考,而这种思考正
是由于拿破仑时代的国际大事所激发的。

克劳塞维茨的作品直到今天依然被人们研究,这恰恰证明了它在今
天依然是有效的。琳蒙特洛斯在他的《历代战争》的总述中写道:"这个结
果……可以被解释为约米尼建立了军事制度,而克劳塞维茨建立了军事哲
学,而其中的一个已经因新式武器的出现而淘汰,而另一个却仍然影响着
武器背后的决策。"

克劳塞维茨认为,战争是政治的继续,战争是以剑代笔的政治。战争
的目的就是消灭敌人,消灭敌人包括在物质上与精神上两方面。战略包括
精神、物质、数学、地理、统计五大要素。战略战术的基本原则。克劳塞维
茨认为,数量上的优势在战略战术上都是最普遍的制胜因素。战略上最重
要而又最简单的准则是集中优势兵力。对于战争中的攻防,克劳塞维茨认
为,进攻和防御是战争中的两种基本作战形式。二者是相互联系、相互转
化的。整体为防御,局部可能为进攻。进攻中含有防御因素,防御中也含
有进攻因素。要积极向战史学习。克劳塞维茨认为,战争理论是成长于战
争经验土壤里的果实。战史是最好的、最有权威、最能说服人的教师。

时势造英雄。在历史的长河中,大凡杰出人物无一不是特定历史条件的产物。享有"西方兵圣"之誉的克劳塞维茨就是如此。他之所以能够成就令人瞩目的《战争论》,成为西方军事理论巨匠,与18世纪震撼整个欧洲大陆的法国革命和拿破仑战争有着直接的关系。让我们走进历史的时光隧道中,重新认识、了解克劳塞维茨充满智慧的一生及他所创造兵学巨著《战争论》的时代背景。克劳塞维茨曾经预言:"他的《战争论》将引起军事理论的一场革命,并且它将不是二三年之后就会被人们遗忘的书。"现在看来,人们不能不为他这种坚定的自信和准确的预见而赞叹。160多年过去了,克劳塞维茨熔铸在《战争论》中不朽的灵魂,一直活跃在世界军事舞台上。其军事思想精华在新时代的军事革命中仍将具有旺盛的生命力。

探索克劳塞维茨的成功秘诀,除了他所处的时代背景为他创造的时势,让我们看到的更多的,就是他个人的勤奋与钻研精神。

逐梦箴言

有人在困顿的岁月只看到屈辱,有人却默默总结着经验和教训。

知识链接

卡尔·冯·克劳塞维茨(1781—1831),普鲁士将军,军事理论家,著有《战争论》,被誉为西方第一部具有战略高度的兵法。

■ 坎坷求仕的军事家吴起

　　说起家传兵法，几乎没有一个人中国人不知道《孙子兵法》的，但知道《吴子》兵法的就不多。"吴子"就是吴起。其实吴起其人对战争的理解与用兵之道上，贡献并不逊于孙子。他的著作《吴子》兵法，还在《孙子兵法》之前。但人们吝于将"子"字加冕给他，是因为后人对他的评价多有诟病。说起来，吴起不是一个幸运的人。他的成功总让人有一种辛酸色彩。

　　少年吴起就是一个有大志向的人，他发誓此生必须当大官。为了实现这个理想，他刻苦学习，辗转求仕，吃尽了苦头。有两件事至今还被人津津乐道。

　　一是他跟曾子学习军事。为了学习，母亲去世他也没有回家。这事放在现代，他就成了感动中国的好学生。但在当时，几乎触怒了所有的同学，连他的恩师曾子也看不起他，不要他了。好在，他后来又投在了子夏的门下。子夏是孔子的弟子。所以说吴起是孔子的再传弟子中出现的最优秀的军事家，这话一点也不为过。

　　还有一件事，比这件事更让吴起难受。吴起学成之后，流落到鲁国，他很想在鲁国有一番大作为。这时正好齐国攻打鲁国。吴起觉得，自己的机会来了。就向鲁国推荐自己，却遭到了拒绝，理由是他的妻子是齐国人。鲁国人认为他有一个齐国的妻子，就肯定不能好好替鲁国效力。一心想得到职位的吴起，只好杀妻明志。结果大家都知道了，他得到了职位，但失去了好名声。直到今天，人们都不肯原谅他的这一行为。

　　但吴起实在是个优秀的军事家。他不只理论过硬，实践上也是后人学习的楷模。吴起治军严于己而宽于人，与士卒同甘共苦，因此很快就在军队中赢得了威信。再加上他的兵法过硬，他的部队所到之处，都是大获全胜。木秀于林，风必摧之。他的优秀遭到了嫉妒。一时流言四起。鲁国有些人在鲁公面前中伤吴起说："吴起是个残暴无情的人。他小时候，家庭富有，他为了当官，四处游说没有成功，以致家产荡尽。乡邻都耻笑他，吴起就杀了30多个诽谤他的人。这事的结果很明显，他失去了杀妻求得的职位。

悲愤交加的吴起应该消沉下去了。但他没有，而是更加积极地进取。不久，他又取得了魏文侯的信任，成了魏国的大将，从此走上了他梦寐以求的仕途之路。他被任命为西河（今陕西合阳一带）的守将，抗拒秦国和韩国，这期间，他"与诸侯大战七十六，全胜六十四"，"辟土四面，拓地千里"，为魏国立下了汗马功劳，差点就成了魏国的丞相。

关于吴起选兵与带兵的故事流传很多，他强调兵不在多而在"治"。他创造了一种独特的选兵方法："凡能身着全副甲胄，执12石之弩（12石指弩的拉力，一石约今30千克），背负矢50个，荷戈带剑，携三日口粮，在半日内跑完百里者，即可入选为'武卒'，免除其全家的徭赋和田宅租税。"吴起治军严格，主张严刑明赏、教戒为先，认为若法令不明，赏罚不信，虽有百万之军亦无益，为了严明法度，他曾经把一个勇敢的士兵杀掉了，就因为这个士兵没有听到命令就急着开始进攻了。

他强调亲兵政策，以人为本。吴起做将军时，和最下层的士卒同衣同食。睡觉时不铺席子，行军时不骑马坐车，亲自背干粮，和士卒共担劳苦。士卒中有人生疮，吴起就用嘴为他吸脓。这个士卒的母亲知道这事后大哭起来。别人说："你儿子是个士卒，而将军亲自为他吸取疮上的脓，你为什么还要哭呢？"母亲说："不是这样。往年吴公为他父亲吸过疮上的脓，他父亲作战时就一往无前地拼命，所以就战死了。现在吴公又为我儿子吸疮上的脓，我不知他又将死到那里了，所以我哭。"吴起强调人的因素，他很懂得在战争中发挥人的主观能动作用。他说，人必须努力掌握从事战争的各种技能和适应各种复杂环境的本领，才能减少非战争人员损耗，士兵也才能提高适应各种作战环境的能力。

在战争的起源问题上，吴起力图从社会方面去寻找原因。他说：凡兵所起者有五：一曰争名，二曰争利，三曰积恶，四曰内乱，五曰因饥。但他只对现象做了表述，而没有对"争名"、"争利"、"积恶"、"内乱"、"因饥"的根源何在作

金戈铁马任驰骋

出深入分析。吴起由于他的阶级和历史的局限性，不可能认识到战争的真正根源，也找不到消灭战争的途径。但是，他从社会方面去寻找战争产生的原因，在当时还是有进步意义的。

在战争与政治的关系上，强调把政治放在首位。他说：一个国君若是只讲求文德而废弃武备，或者依仗兵多能战，都会亡国。要使国家治理得好，必须既要重视政治，也要重视军事。从这个思想出发，吴起在西河一方面注重军事改革，一方面从事政治、经济的改革，为魏国的富强奠定了基础。吴起从战争实践中认识到，只有一支训练有素的军队还不够，还必须有安定的后方，因此，他说："必先教百姓而亲万民。"只有国内人民和前方军队团结一致，才能打胜仗。

他又说：不和于国，不可以出军；不和于军，不可以出阵；不和于阵，不可以进战；不和于战，不可以决胜。就是说，国内各种意见不统一，不可以出兵打仗；军队内部不团结，不可以出阵作战；出阵以后，军队不互相配合，不可以进行战斗；进行战斗以后，各部分战斗动作不协调，不能夺取胜利。他还进一步说："百姓皆是吾君而非邻国，则战已胜矣。"吴起阐明了国家、军队和人民三者的关系，并认为人心向背是军事上取得胜败的关键。总而言之，就是政治决定军事。

吴起重视战争，但不主张战争。他一方面看到了战争的重大作用，同时也看到了战争给人民带来的痛苦和灾难，因此他认为对待战争要持慎重态度，反对轻率发动战争。他总结历史上战争的经验，说：天下战国，五胜者祸，四胜者弊，三胜者霸，二胜者王，一胜者帝。是以数胜而得天下者稀，以亡者众。经常轻率发动战争，就会耗费大量人力物力，从而使人民疲弊不堪，国家贫弱，而且会招来祸患。因此，多次发动战争而取得天下的少，亡国的多。比吴起稍早的军事家孙武也说："兵者，国之大事，死生之地，存亡之道，不可不察也。"可见吴起继承了孙武的思想，并有所发展。这对比他稍晚的军事家孙膑也有所影响。孙膑看到了战争的胜负决定国家存亡的一面，同时又指出：乐兵（好战）者亡，而利胜（贪图胜利）者辱。兵非所乐也，而胜非所利也。

他指出："备者，出门如见敌。"吴起在指挥作战时摒弃唯心主义的主观臆断，从朴素唯物主义观点出发，十分重视了解敌方的情况。就是说，只有清楚敌人的力量部署情况，才能选择其薄弱环节狠狠打击。为了了解对方情况，

吴起非常重视使用间谍，深入敌后搜集敌方各种情报。这个理论，其实就是现代的"知己知彼，百战百胜"的前身。

吴起还看到了土地辽阔，人口众多，军队装备精良等因素对战争的重大作用，重视战争中将的作用。"愚将，虽众可获"，即如果将领不善于指挥，虽然带兵多，也容易被俘虏。吴起说："用少者务隘。"他重视利用有利的地形，从而造成以少胜多的条件。他说，只要"避之于易，邀之于厄"，即避开平坦开阔之地，而利用险要的地形，就可以"以一击十""以十击百""以千击万"。由此可见，吴起从他丰富的作战经验中，看到了多和少的辩证关系。他把这些朴素的辩证法思想运用到军事实践中，创造了5万人"兼（加）车百乘，骑三千匹，而破秦五十万众"的以少胜多的典型战例。所以人们称颂"吴起之用兵也，不过五万"。

总之，吴起进步的战争观，朴素的唯物主义和朴素辩证法的战略战术思想，在我国军事史上占有重要地位。不管后人怎样诟病，作为一个军事家，吴起这个名字和他的军事思想都在历史上熠熠生辉。

逐梦箴言

看淡他人的蜚短流长，才能看清自己应该走的道路。

知识链接

吴起（前440—前381），中国战国初期军事家、政治家、改革家，兵家代表人物。历事鲁、魏、楚三国，通晓兵家、法家、儒家三家思想。在内政、军事上都有极高的成就，著有兵书《吴子》。后人将孙武、吴起并称为"孙吴"。

■ 中华兵家圣人孙武

孙武比吴起幸运,他从一出生就被打上了军事的烙印。也可以说,他出身于一个军事世家。

孙武小时候就立下了大志向,又聪明伶俐,因此他很小的时候就对军事理论有了很深的见解。可贵的是,他不光注重理论培养,同时在各方面锻炼自己。当时人们刚开始注意到骑马与射箭,他的骑与射的水平,都是第一名。

孙武很年轻的时候,就写了《孙子兵法》13 篇,这部书,被后世兵法家所推崇,被称为兵学圣典,译成好几个国家的文字,在全世界广为流传。孙武本人被后人尊称其为孙子、孙武子、兵圣、百世兵家之师、东方兵学的鼻祖。

但在当时,还没有名气。孙武为了推荐自己的自己部著作,来到吴国,吴王阖闾是个开明的人。他喜欢孙武的理论,但看到孙武这么年轻,不知道他能不能像他本人说的那样厉害。于是,他对孙武说:"你的著作我都看了,很好。你能试试吗?就从练兵开始试吧。"

孙武说好。

阖闾玩心一起,随口说,用女人试可以吗?

孙武说,可以。

于是阖闾就在宫中选了180个宫女嫔妃组成了美人军队,交给了孙武。

这场练兵,其实本来是阖闾的一个玩笑,但没想到孙武认起真来了。结果关于这场练兵的故事,被后人当成佳话流传下来。

180个美女的军队，让年轻的孙武来训练，这事实在太好看了。阖闾就坐在宫中的亭台上，喝着小酒看热闹。

孙武对着180个美女说，现在，你们都是军人了，军人，就要听从军队的号令指挥，你们都准备好了吗？

美人们觉得好玩，异口同声地回答：准备好了。

孙武说，你们都知道自己的前后左右吧？

美人们觉得更好玩了，笑着答：知道。

于是孙武教了她们一些基本的队列常识，教给她们鼓号一响，就要按照要求排出队形。然后下令击鼓传号，但是，美人们，并没有像她们说得那样，站成队列整齐的军队，而是嘻嘻哈哈地笑成一堆。

孙武说，我说的规矩你们不明白，这是我的过错。我重说一遍，你们听好了。

鼓声再起，美人们还是笑成一团。

孙武说，你们已经听明白了我的话，却还是不执行，这是队长的过错。把队长拉出去斩了。

阖闾不干了。因为那两个队长是他最宠爱的妃子啊。原来，孙武要用美人练兵的事传到后宫，平日里闲得无聊的宫女嫔妃们都觉得好玩极了，都来凑个热闹。吴王最宠爱的两个妃子当然就成了队长。

阖闾说，用妇人练兵就是玩玩罢了。不过，我已经看到了你治军的本事了，你不用真杀了她们。

孙武说，大王既然已经委我以任，那我就是将军了，将在外，君命有所不受。于是，两个美人被斩了。

其他人立刻吓傻了。皇上最宠爱的妃子都被杀了，谁有两个脑袋啊？

部队立刻整齐了。

于是，孙武向阖闾报告说，部队已经操练整齐，请大王下来检视。

阖闾说，我都看见了，你完事了就去休息吧，我可不愿意看下去了。

孙武说，大王你不是真的在乎兵法，只是徒爱其形，却不重视实质内容啊。

于是，阖闾被孙武彻底征服了。他把孙武请到上座，拜为将军，跟伍子

胥一起为吴国效力,为吴国立下了汗马功劳。

孙武就出生在这样一个祖辈都精通军事的世袭贵族家庭里。他的爷爷给他起名叫武。武的字形由"止""戈"两字组成,能止戈才是武。古兵书上说"武有七德",即武力可以用来禁止强暴,消灭战争,保持强大,巩固功业,安定百姓,协和大众和丰富财物。孙书还给孙儿取了个字,叫"长卿"。"卿"在当时为朝中的大官,与大夫同列。孙书为齐大夫,孙凭为齐卿。他们希望孙儿将来也能像他们一样,在朝中为官,成为国家栋梁。事情果真像他们所希望的那样,随着孙武的长大,逐渐显现出对军事的爱好和特有的天赋。也许是自幼受到将门家庭的熏陶,孙武自幼聪慧睿智,机敏过人,勤奋好学,善于思考,富有创见,而且特别尚武。每当孙书、孙凭自朝中回到家里,孙武总缠着他们,让他们给他讲故事。他特别喜欢听打仗的故事,而且百听不厌。时间一长,在一旁侍候孙武的奴仆、家丁也都学会了。于是,当祖父和父亲不在家时,孙武就缠着他们给他讲。除了听故事,孙武还有一个最大的爱好就是看书,尤其是兵书。孙家是一个祖祖辈辈都精通军事的贵族世家,家中收藏的兵书非常多。《黄帝兵书》《太公兵法》《风后渥奇经》《易经卜兵》《军志》《军政》《军礼》《令典》《周书》《老子兵录》《尚书兵纪》《管子兵法》及上自黄帝、夏、商、周,下到春秋早、中期有关战争的许多竹简,塞满了阁楼。孙武就喜欢爬上阁楼,把写满字的竹简拿下来翻看。有不明白的问题就请教家聘的老师,甚至直接找祖父、父亲问个明白。有一次,孙武读到"国之大事,在祀与戎",他就跑去问老师:"先生,祀是什么?戎是什么?"老师想今天孙武问的问题倒是简单,于是随口说:"祀是祭祀,戎是兵戎。"孙武接着问:"祭祀是种精神的寄托,怎么能和兵戎相提并论为国家的大事呢?"老师顿觉奇异,一时答不出来。孙武接着说:"只有兵,才是国家的大事,君臣不可不察的大事。"

少年孙武不只注重军事理论的学习,也注重自身的发展。孙武是齐国人,由于受尚武精神的影响,齐国从国君到士兵,莫不以勇武为荣。"射"和"御",是齐人首练的武技,主要用于长距离的攻击,是军事活动的重要手段。齐人向来以"射"术和"御"术的高低为荣辱,这已成为一种社会风尚。

要想出仕，为国家重用，首先必须练好这两门科目。在接下来的学习和训练中，孙武对"射"和"御"投入了比其他学生多数倍的努力。孙武刻苦练习，甚至到了废寝忘食的地步。很快，孙武就成了掌握这两项技能的同辈贵族少年中的佼佼者。孙武没有满足，没有就此止步，依旧是冬练三九，夏练三伏。此时，孙武心中蒙蒙眬眬有一个理想，那就是长大后要像他的祖父孙书、叔父田穰苴一样，成为一名驰骋疆场的大将军。

任吴国大将之后，有一天，吴王同孙武讨论起晋国的政事。吴王问道："晋国的大权掌握在范氏、中行氏、智氏和韩、魏、赵六家大夫手中，将军认为哪个家族能够强大起来呢？"孙武回答说："范氏、中行氏两家最先灭亡。""为什么呢？""根据他们的亩制，收取租赋以及士卒多寡，官吏贪廉做出判断的。以范氏、中行氏来说，他们以一百六十平方步为一亩。六卿之中，这两家的田制最小，收取的租税最重，高达五分抽一。公家赋敛无度，人民转死沟壑；官吏众多而又骄奢，军队庞大而又屡屡兴兵。长此下去，必然众叛亲离，土崩瓦解！"吴王见孙武的分析切中两家的要害，很有道理，就又接着问道："范氏、中行氏败亡之后，又该轮到哪家呢？"孙武回答说："根据同样的道理推论，范氏、中行氏灭亡之后，就要轮到智氏了。智氏家族的亩制，只比范氏、中行氏的亩制稍大一点，以一百八十平方步为一亩，租税却同样苛重，也是五分抽一。智氏与范氏、中行氏的病根几乎完全一样：亩小，税重，公家富有，人民穷困，吏众兵多，主骄臣奢，又好大喜功，结果只能是重蹈范氏、中行氏的覆辙。"吴王继续追问："智氏家族灭亡之后，又该轮到谁了呢？"孙武说："那就该轮到韩、魏两家了。韩、魏两家以二百平方步为一亩，税率还是五分抽一。他们两家仍是亩小，税重，公家聚敛，人民贫苦，官兵众多，急功数战。只是因为其亩制稍大，人民负担相对较轻，所以能多残喘几天，亡在三家之后。"孙武不等吴王再开问，接着说："至于赵氏家族的情况，和上述五家大不一样。六卿之中，赵氏的亩制最大，以二百四十平方步为一亩。不仅如此，赵氏收取的租赋历来不重。亩大，税轻，公家取民有度，官兵寡少，在上者不致过分骄奢，在下者尚可温饱。苛政丧民，宽政得人。赵氏必然兴旺发达，晋国的政权最终要落到赵氏的手中。"孙武

我的未来不是梦

论述晋国六卿兴亡的一番话,就像是给吴王献上了治国安民的良策。吴王听了以后,深受启发,高兴地说道:"将军论说得很好。寡人明白了,君王治国的正道,就是要爱惜民力,不失人心。"

孙武就是这样一个人,文德武治,讲究用兵之道。他与伍子胥成为吴王阖闾的左右手,在他们的努力下,吴国越来越强大了。但他们发现吴王阖闾越来越昏庸张狂了,后来阖闾去世了,夫差当上了吴王,其荒淫昏庸更在阖闾之上。信奉奸佞,残害忠良,甚至连伍子胥也杀了。孙武于是悄悄隐退了。传说他隐退后,不再参与政事,开馆授徒。使得孙子兵法得以广泛流传。

《孙子兵法》又称《孙武兵法》《吴孙子兵法》《孙子兵书》《孙武兵书》等,全书共13篇,是中国古典军事文化遗产中的璀璨瑰宝,是中国优秀文化传统的重要组成部分,是世界三大兵书之一。其内容博大精深,思想精邃富赡,逻辑缜密严谨,被翻译成多国文字,对后世兵法有着不可估量的影响。

逐梦箴言

威信,是一切行动的基础。无威信,则百事不立。

知识链接

孙武,字长卿。春秋时期著名军事理论家,后人尊称其为"孙子""兵圣"。仕吴,率吴军大破楚军,助吴国成一方霸主。

《五轮书》的奥秘

五轮书是日本的战国时代宫本武藏所著的一本既为剑法,也为兵法的一本著作。宽永二十年(1643)一月,武藏隐居灵岩洞开始执笔写作"五轮书";正保二年,将"五轮书"传给寺尾孙之丞胜信,"五方之太刀道序""兵法二十五个条"传给寺尾求马助信行,以后就离开这个世界。

五轮书分为土、水、火、风、空五卷。土之卷主要说全书的概览,以工匠、农夫、商人、武人作比喻,说明士、农、工、商的活动情况其实都是殊途同归,有迹可寻的。水之卷主要说明二天一流派。以水为范本,则心灵也拥有水的特质。水的形状能随著容器的形体,或方或圆,小如雨滴大如汪洋。火之卷所记载的是战斗与胜负的事。以火之卷来谈战争,是因火可大可小,火的威势惊人。风之卷是记载当世中其他的兵法与其他各家流派。在汉字里,"风"即"风格"。空之卷讲述关于进入自然而然的真实之道的事情。即使领悟了道理,也不能被道理所束缚。

宫本武藏是一个传奇人物,是日本历代公认的第一剑手。他出生于美作国吉野郡甘村的宫本地方。7岁成为孤儿。后来跟随同村的新当流派剑手有马喜兵卫学习,但于13岁就击败自己的老师,随之出走,成为一名漂泊武者,专心研习兵法和剑法。但是宫本太聪明了,决斗的胜利使他崇尚武力,相信武力可以解决一切问题,于是,他成了恶贯乡里的人,为乡邻所痛恨。不知生之意义;17岁的时候,他被泽庵和尚捆绑于千年杉上、囚于天守阁中、而后重获生命、茅塞顿开。于是他开始了漂泊,足迹遍及很多

我的未来不是梦

177

国家，曾与 66 位高手比武皆获全胜。宫本武藏晚年隐居在细川家。细川忠利死后，他隐居在与叶城西的金刚山灵岩洞中，学习坐禅，学习绘画和雕刻。60 岁的时候才写下了《五轮书》。

在五轮书的总序中，宫本武藏说："自从年轻时我就致力于兵法的研究。我第一次决斗是在 13 岁那年，我击败了一名新当流派的兵法家有马喜兵卫。当我 16 岁那年我击败了另一名但马国秋山的怪力兵法高手。21岁时，我去了京都，在那里几乎跟所有的流派都交过手，未尝败绩。之后我周游各国，不断和全国各种流派的兵法名家决斗。自我 13 岁那年到 28岁，决斗凡 60 次，从未败北过。

"当我 30 岁的时候，我回顾昔日的战绩，发现这些胜利并不意味着我已经达到兵法宗匠的境界。这也许是因为我欠缺兵法的才能吧，或者是天数如此，也有可能是其他流派的水准太差之故。于是我夜以继日地寻求着兵法的奥义，当我 55 岁的时候，我终于领悟到了所谓兵法的精髓所在。

"于是我不再刻意寻找特定的修炼方式，而是触类旁通，带着揣摩兵法的心思去练习很多方面的才艺，全部都没有老师的教授。在写这本书时我没有引用佛经或者儒家的典籍，也没有参照旧的战史和兵法书。我是由着自己的想法去解释'二天一流'的真意的，即所谓的'自然之道'。"

五轮书是几百年来，日本销量最大的书，至今还在热销。他影响了无数的人。武藏自己的人生也被无数后人研究和探索，成为后人的楷模。

逐梦箴言

人必须有勇气立足现实、打破成规,寻找最适合自己的成才之路。

知识链接

宫本武藏(1584—1645),江户时代初期的剑术家、兵法家、艺术家,著有《五轮书》。

金戈铁马任驰骋

● 格　言 ●

太上立德，其次立功，其次立言。

———（春秋）左丘明

阅读一切好书如同和过去最杰出的人谈话。

———[法]笛卡儿

过去一切时代的精华尽在书中。

———[英]卡莱尔

理想的书籍，是智慧的钥匙。

———[俄]列夫·托尔斯泰

书籍是青年人不可分离的生命伴侣和导师。

———[俄]高尔基

第十章

我的未来不是梦

◎导读◎

兵者,不但是国之大事,而且是世界之大事。作为军事统帅,必须对军事历史有充分的了解,对现代及未来的战争有足够的认识,才能做到百战不殆。

■ 解读现代战争

　　关于现代战争的含义,较为普遍的意见认为,是在核武器威胁下的以高技术兵器为主的常规战争。这种意见认为,世界新技术革命的浪潮冲进战争领域,使战争水平发生质的飞跃,1982年英国和阿根廷的马尔维纳斯群岛之战,1983年美国入侵格林纳达,1982年以色列入侵黎巴嫩袭击叙利亚军部署在贝卡谷地的导弹基地,以及1986年美军袭击利比亚,直到1999年北约对南联盟等战争,已经可以看到以高技术兵器为主的现代战争雏形。世界新技术在战争中的应用,将使武器系统、军队结构、战争方法、指挥手段及战争样式等各个方面发生革命性变化。

　　但人们普遍认为,发生在1991年美国为首的多国部队对伊拉克的海湾战争,已经具备了现代战争的形式和意义。

　　这是一场利益争夺战。

　　两伊战争结束后,战争狂人萨达姆把目光瞄准了科威特。此前两国在主权与边界问题素有争端,萨达姆想吞并科威特成为海湾强国。1990年8月2日伊拉克直接向科威特发起了进攻。这场战争从开始就体现了现代战争快的特点,萨达姆在发起战争的当天下午,就占领了科威特全境。

　　这场战争立刻引起了美国的注意,很快以美国为首的多国部队就进入了战争,并成为战争的主体。

这场战争毫无悬念地以多国部队的胜利告终,多国部队以质量和技术方面占据的绝对优势,使得海湾战争以高技术局部战争的代名词载入战争史册。

■ 现代战争的特点

由于世界上许多新技术正广泛应用于军事领域，引起了军队武器装备、编制体制以及作战方式方法的重大变化，从而使现代战争出现了以下特点

第一，战场时、空"禁区"的限制大为缩小，作战行动更富于突然性；

第二，现代武器破坏、杀伤作用增大，战争异常严酷；

第三，战场空间愈加立体化、多维化，无形战场的角逐更加激烈；

第四，战争的物资消耗巨大，后勤保障更加艰巨困难；

第五，自动化指挥系统的出现，使现代战争指挥方式发生历史性的变革。

也有的军事家强调现代战争具有广延性——战场范围广大，前后方界限不清，大规模交战波及战争双方的整个领土及外层空间；多变性——战场态势错综复杂，情况千变万化，争夺战场主动权的斗争炽烈，对快速反应要求更高；交叉性——战场犬牙交错，战线模糊不清，复杂的交战将在多层次展开；立体性——战场的立体化突出，空中、海上、海下、地面、外层空间的作战同时或交错进行；破坏性——火力强、破坏大、消耗多、各项保障复杂；分散性——军队进一步疏散配置，作战行动将表现为大兵团统一控制下的群体分散独立作战；机动性——军队的流动性大，遭遇战的可能增多；连续性——战役战斗的间隙缩短，打破昼夜界限。有的则强调电子战，有的更强调"快节奏"，有的注重政治和技术因素，有的注重经济对现代战争

的影响。

然而，不管现代战争的特点到底是第一个观点的 5 种，抑或是第二个观点的 8 种，它们都拥一个有共同的前提那就是：都不可能离开"高科技兵器"。

我们看到的是，在海湾战争中，高科技武器大开杀戒。美国最先进的F-117 隐形战斗机，率先在巴格达长途电话和电报大楼上空，投下一颗重达2 000 磅的重型炸弹，拉开了序幕。此后多国部队的空袭一轮接着一轮，EF-111、EA-6B、EC-130H、F-117、A-10、F-14、F-15C、F-16 等先进战机轮番表演，伊拉克和科威特境内的空军基地、停机坪上的战斗机、"飞毛腿"导弹发射基地、核反应设施、化学武器工厂、生化武器研究中心都被进行了地毯式轰炸。

此后的巴格达笼罩在一片硝烟当中，战机每 15 分钟就会像浪潮一样试卷巴格达上空，所有的大型建筑无一幸免。一名参加轰炸的空军指挥官事后回忆战果时说，整个巴格达就像一个金光灿灿的圣诞树。

这还仅仅是空中作战。

在多国部队的战机忙活在巴格达上空的时候，军舰也没闲着。他们在海上连续发射了 100 多枚载有 1 000 磅弹头的"战斧"式巡航导弹，尤其是"爱国者"导弹，它对"飞毛腿"的命中率高达 80%，这是萨达姆崩溃的数字。

然后，如大家所见，浩浩荡荡的地面部队开进了科威特，切断了伊拉克的所有退路。伊拉克最精锐的共和国卫队陷入包围圈。尽管他们点燃了科威特油田的大火，但还是不能阻止战争的进程。这场战争的地面进攻时间仅仅进行了 100 个小时，主体战争就结束了。就算是富裕的伊拉克，就算是战争狂人萨达姆，也不得不低下高傲的头颅。

没有人能在现代战争中，以个人的力量或智慧取得胜利。

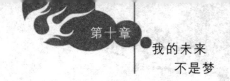

未来战争是什么样的

　　有人说：现代战争，未来的战争，都是透明化很高的战争，就像下象棋，两军相斗是摆在棋枰上的，你看得到我，我看得到你。按说，这样明打明的打法，打个平手是没问题的。这当然是一般人的想法了。叫你去跟胡荣华下棋去试试，下一万盘你也下不了一盘和棋。为什么？这就是棋力、棋势、棋谋等等的综合能力所体现出来的区别。还有人说：未来的战争将是超视距的战争。美国 F-22 战机的雷达能在 200 千米外发现 1 平方米大小的空中目标。也有人说：外太空已经成为竞争的重要领域。在未来的战争中，谁控制了外太空，谁就控制了一切，成为地球的主宰。有人说：未来的战争可能不再是为资源的归属而起止，而是为了资源之不受保护而被公认的义举。也有人说：未来的战争是文明的战争，不是以对方死去多少人来作为胜者的标志，而是让心中的敌人心甘情愿地成为自己的阶下囚。但一些更靠谱的说法收把目光放到信息化战争上。

　　信息化战争是一种战争形态，是指在信息时代核威慑条件下，交战双方以信息化军队为主要作战力量，在陆、海、空、天、电等全维空间展开的多军兵种一体化的战争，大量地运用具有信息技术、新材料技术、新能源技术、生物技术、航天技术、海洋技术等当代高新技术水平的常规的武器装备，并采取相应的作战方法，在局部地区进行的，目的手段规模均较有限的战争。

　　进入 21 世纪，高技术的迅猛发展和广泛应用，推动了武器装备的发展

和作战方式的演变,促进了军事理论的创新和编制体制的变革,由此引发新的军事革命。信息化战争最终将取代机械化战争,成为未来战争的基本形态。信息化战争是指发生在信息时代、以信息为基础、以信息化武器装备为战争工具的战争。信息化战争不会改变战争的本质,但战争指导者必须考虑到战争的结局和后果,在战略指导上首先追求如何实现"不战而屈人之兵"的全胜战略,那种以大规模物理性破坏为代价的传统战争必将受到极大的约束和限制。

有人认为,在21世纪,类似1941年"珍珠港事件"的突然袭击,很可能会以信息战的方式重演。它所袭击的对象不是飞机、大炮和核武器,而是敌方的计算机系统;不只是军用系统,还包括更为广泛的民用系统。所采用的手段包括计算机病毒、隐码、数据破坏程序等。其目的是阻塞以至摧毁敌方的计算机网络,使其指挥失灵、交通混乱、电力中断、金融瘫痪。例如,在20世纪90年代初的海湾战争中,美国的情报部门就曾暗中用装有固化病毒的芯片,置换了伊拉克从法国进口的防空系统电脑打印机的相关部件,然后用遥控的方法激活病毒,使其窜入电脑主机,最后造成伊方防空系统的瘫痪。英国《时代》周刊声称,美国不久将能使用键盘、鼠标器和计算机病毒,不放一枪一炮地对敌方的军事和民用基础设施发动迅速、寂静、广泛和毁灭性的打击。据此,我们可以认为,未来的战争没有前方与后方之分,凡网络系统所及的地方都有可能成为战场。

■ 未来战争对军事家的要求

但不管怎样说,战争是无法避免的,战争的历史几乎与人类文明同步前行。诚如所言,人类已经经历了冷兵器时代,进入热兵器时代,并向着信息化作战进化。乔松楼说,未来的战争从作战方式来讲,战略战役战术技术层次多,发展快。所以,通俗地讲,打赢未来战争要抓好5个关键:打击、反应、侦察、防护、控制,概括起来5句话:侦察立体化,打击精巧化,反应高速化,防护综合化,控制智能化。但这些观点,也仅限于战争本身,而非战争前或战争后,更与任何战争背景无关。

作为新时期的青少年,我们应该做的,是一边认清战争的本质,一边强大我们自己。抱着坚定的和平信念,以武止戈。

未来信息化战争要求作战力量数字化集成化。什么是数字化部队?就是作战单元装备系统,单兵装备和指挥系统高度网络整合的部队。但这还不是信息化部队,其中还有一个知识化,就是作战和保障人员具有新的科技知识,能够熟练掌握和操作各种信息装备和系统。这样一支知识化人员武装起来的数字化部队就是初步的信息化部队。

此外,还要要求武器系统信息化,指挥自动化、实时化、一体化,信息战场全维化、网络化,作战方式多样化,毁灭性武器的高技术化。什么是信息化战争?信息化战争是敌我双方在信息领域中争夺信息控制权的战争。其作战对象主要不是人,而是对方的各种信息系统以及与之有关的各项设施;其任务是获取、管理、使用和控制各种信息,同时防止对方获取和有效地使

用各种信息。期间的侦察与反侦察、干扰与反干扰、摧毁与反摧毁都是在高科技的统领下完成的。已经不是冷兵器时代的勇武坚毅或热兵器时代的智慧侠义能够完全涵盖的了。

作为一个信息化战争时代的军事家，首先应该占据科技高地，熟悉和熟练驾驭高科技手段，然后才能够放眼全球，纵观全局，至于那些胸襟、眼光、胆识、格局、智慧的素质，都是必须的基础与前提。

●格　言●

善用兵者，不以短击长，而以长击短。

——（汉）司马迁

即使得不到绝对优势，也应该通过对战术的巧妙应用和对时机的把握形成相对优势。

——［德］克劳塞维茨

在战略上，最漫长的迂回道路，常常又是达到目的的最短途径。

——［英］利德尔·哈特

战术就是在决定点上使用兵力的艺术，其目的就是要使他们在决定的时机、决定的地点上，发生决定性的作用。

——［瑞士］约米尼

每一种情况都有适合于它的一个特殊的战略。

——［美］安德烈·博弗尔